ROGER RANKEL
& VIKTORIA RANKEL

REAL. DIGITAL. GANZ EGAL.

INFLUENCING

DIE KUNST, KUNDEN POSITIV ZU BEEINFLUSSEN

DIE 7 ESSENTIALS FÜR DEINE SICHTBARKEIT, POSITIONIERUNG, KUNDENGEWINNUNG UND GEWINNMAXIMIERUNG

GABAL

Externe Links wurden bis zum Zeitpunkt der Drucklegung des Buches geprüft. Auf etwaige Änderungen zu einem späteren Zeitpunkt hat der Verlag keinen Einfluss. Eine Haftung des Verlags ist daher ausgeschlossen.

Ein Hinweis zu gendergerechter Sprache: Die Entscheidung, in welcher Form alle Geschlechter angesprochen werden, obliegt den jeweiligen Verfassenden.

Bibliografische Information der Deutschen Nationalbibliothek
Die Deutsche Nationalbibliothek verzeichnet diese Publikation in der Deutschen Nationalbibliografie; detaillierte bibliografische Daten sind im Internet über http://dnb.d-nb.de abrufbar.

ISBN 978-3-96739-222-7

Lektorat: André Weimar
Umschlaggestaltung: Artvertisement
Umschlagfoto: André Weimar, Clemens Kauschke
Autorenfotos: Roger Rankel, Viktoria Rankel
Satz und Layout: Artvertisement
Druck und Bindung: One World Distribution, Lenneper Straße 88, D-42855 Remscheid, arno@one-world.de

www.gabal-verlag.de
www.gabal-magazin.de
www.facebook.com/Gabalbuecher
www.x.com/gabalbuecher
www.instagram.com/gabalbuecher

INHALT

DIE KUNST, KUNDEN POSITIV ZU BEEINFLUSSEN

ROGER RANKEL

„Er gehört zu den fünf erfolgreichsten Marketing-Experten", so das ERFOLG-Magazin.

Jährlich hält er 150 Firmenvorträge und Seminare vor über 30.000 Zuhörern. Seine Bücher sind Bestseller und schon mehr als 500 kleinere Vertriebe, Mittelständler und Weltmarktführer arbeiten erfolgreich nach seiner mehrfach ausgezeichneten Methode der Kundengewinnung.

Seine Ideen in der Beratung von Unternehmen haben eine außerordentlich hohe Umsetzungsquote. So bescheinigt ihm das Wirtschaftsmagazin „impulse":

„Die Zahl der Neukunden bei Rankel's Schülern steigt im Schnitt um 24 Prozent!"

VIKTORIA RANKEL (CO-AUTORIN)

Sie ist eine der aufstrebenden Expertinnen im Bereich Social-Media-Performance.

Inspiriert von ihrem Vater, den sie oft auf Vorträgen begleitet, und durch ihre Weltreise, entdeckte sie früh ihre Leidenschaft für gutes Marketing. Schon während ihres Mediendesign-Studiums betreute sie zahlreiche größere Unternehmens-Accounts auf Instagram und Pinterest.

Stets schafft sie es, die Follower-Zahlen und deren Engagement zu steigern sowie wertvolle Leads zu generieren.

18:26
Instagram
roger.rankel
DIESES BUCH WIDME ICH MEINEN KUNDEN
Gefällt 862 Mal
roger.rankel Diese Buch widme ich... mehr
Alle 95 Kommentare ansehen

DIE GUTE NACHRICHT ZUERST

Du bist nur ein paar Buchseiten von deiner nächsten Umsatzmillion entfernt.

Und die noch bessere Nachricht gleich dazu: Wenn du schon mehrfacher Umsatzmillionär bist, hältst du hier das Buch in den Händen, das auch dir noch mal Zusatzumsätze bescheren wird. Versprochen.

Ich weiß natürlich, dass das ein Statement ist.
Ich weiß natürlich auch, dass es nicht schick ist, über Geld zu sprechen.

Aber meine Passion ist nun einmal Marketing. Und der Erfolg von Marketing bemisst sich schlussendlich immer an den daraus resultierenden Umsätzen.

Somit weißt du vorneweg, dass ich kein Blatt vor den Mund nehmen werde auf der Reise, die wir nun vor uns haben.

Sieh mich als deinen Reiseleiter, der dir neue Möglichkeiten zeigt, die du noch nicht kanntest, ggf. Abkürzungen nimmt oder seine Erlebnisse und Schätze mit dir teilt.

Deswegen wird uns unsere Route nicht nur entlang der Kundenkaufreise (Customer Journey) führen. Wir werden insbesondere Regionen des Online- und Empfehlungsmarketings anschauen, die Gipfel guter Kampagnen besteigen und in die Tiefen der Verkaufspsychologie vordringen.

Nicht alles wird neu sein, aber auf jeden Fall sehr wertvoll. Gegebenenfalls siehst du hier Altbekanntes unter ganz neuen Gesichtspunkten oder in einem völlig anderen Zusammenhang.

Deswegen rate ich dir im eigenen Interesse, dich mit den Inhalten dieses Buches in der Tiefe auseinanderzusetzen. Gedanklich dranzubleiben und das Gelesene in dein eigenes Business zu transformieren.

Dieses Buch soll dein ständiger und stiller Begleiter auf deiner Karriereleiter sein. Soll dich permanent weiter nach oben bringen – persönlich genauso wie finanziell.

RESPEKT

Weil die Themen dieses Buches schon anspruchsvoll genug sind, habe ich mich dazu entschlossen, auf das Gendern zu verzichten.

Ich respektiere jeden Menschen, wie er ist – unabhängig von Geschlecht oder Herkunft. Vielfalt macht unser Leben bunter und reicher. Jeder Mensch sollte in seiner Einzigartigkeit geschätzt werden.

Beim Schreiben dieses Buches habe ich mich gefragt, wie ich diese Wertschätzung am besten sprachlich ausdrücken kann. Gleichzeitig möchte ich, dass die Inhalte dieses Buches für jeden verständlich und angenehm zu lesen sind.

Nach gründlicher Überlegung habe ich mich schließlich dazu entschieden, nicht zu gendern. Das macht den Text flüssiger und leichter zu lesen.

Das heißt aber nicht, dass mir Gleichberechtigung und Inklusion egal sind – ganz im Gegenteil! Mir ist sehr bewusst, wie wichtig diese Themen sind.

Ebenso finde ich es sympathischer, dich als Leser respektvoll zu duzen. Mir liegt viel daran, dass meine Botschaft der Wertschätzung gut rüberkommt.

Ich lade dich somit ein, dich auf die Inhalte zu konzentrieren und die positive Grundhaltung des Buches zu genießen.

JETZT GEHT'S LOS

Nachdem der Buchtitel im Vorfeld schon so unfassbar positiv aufgenommen worden ist, möchte ich gleich zu Beginn die Idee dahinter erläutern.

„Influencing" kommt – genauso wie der Begriff „Influencer" – aus dem Englischen und bedeutet Beeinflussung.

Ich zeige dir unzählige Möglichkeiten der Beeinflussung und auch (das ist mir sehr wichtig), dass beeinflussen nicht negativ ist und sich nicht auf 13-jährige TikTokerinnen beschränkt.

Es geht darum, sichtbar zu sein und sich eine Meinung zu bilden, an der sich andere orientieren. Hierfür muss man auch nicht unbedingt 9,1 Millionen Follower auf Instagram haben wie die Influencerin Pamela Reif. Es gibt viele Arten der Beeinflussung, die auch du nutzen kannst.

ARTEN DER BEEINFLUSSUNG

- **Der Designer will, dass man seine Kleidung trägt.**
- **Der Bäcker will, dass man seine Brötchen isst.**
- **Der Hotelier will, dass man bei ihm übernachtet.**
- **Der Makler will, dass man sein Objekt erwirbt.**

Selbst der Pfarrer will, dass man seine Meinung vertritt. Oder nehmen wir mich: Ich spreche zwar nicht wie der Pfarrer von der Kanzel, aber stehe 150-mal im Jahr auf einer Bühne. Dort komme ich vor sehr vielen Menschen in die Sichtbarkeit und vertrete eine Meinung, an der sich andere orientieren.

Ein Influencer ist jemand, der in der Lage ist, die Meinungen, Entscheidungen und das Verhalten anderer zu beeinflussen – sowohl online als auch offline. Diese Beeinflussung kann auf verschiedene Arten erfolgen:

1 Fachwissen und Expertise
Personen, die in einem bestimmten Bereich als Experten anerkannt sind und aufgrund ihres umfangreichen Wissens sowie ihrer Erfahrung von anderen geschätzt und um Rat gefragt werden.

2 Charisma und Persönlichkeit
Personen, die durch ihre ansprechende Persönlichkeit, ihr Charisma oder ihre sozialen Fähigkeiten eine natürliche Anziehungskraft auf andere ausüben und somit deren Meinungen und Verhaltensweisen beeinflussen können.

3 Position und Status
Personen, die aufgrund ihrer beruflichen Stellung, ihres sozialen Status oder ihrer gesellschaftlichen Rolle besondere Autorität genießen und deren Meinungen und Entscheidungen daher großes Gewicht haben.

4 Netzwerk und Reichweite
Personen, die über ein großes Netzwerk oder eine erhebliche Reichweite verfügen, sei es durch persönliche Kontakte, Mitgliedschaften in Organisationen oder andere soziale Verbindungen.

IST INFLUENCING NEGATIV?

„Influencing" bedeutet also Beeinflussung, aber:
Ist Beeinflussung eigentlich negativ?
Ist Beeinflussung sogar schlimm?
Ist Beeinflussung eine Variante von Manipulation?

Meine Antwortet lautet ganz klar: Nein!

Als Autor möchte ich einen positiven Blick auf dieses Thema werfen. Nur so schaffen wir es, die Wirkung zu nutzen. Und zwar nicht nur für uns selbst, sondern auch für unsere Mitmenschen – unsere Kunden. Hierzu kurz zwei Beispiele …

1 Liebevolle Beeinflussung

Als Vater habe ich meine Tochter Viktoria, die an diesem Buch maßgeblich mitgewirkt hat, oft im positiven Sinne beeinflusst. So zum Beispiel, wenn ich ihr früher eine Gute-Nacht-Geschichte vorgelesen habe. Damit habe ich ihre Kreativität und ihr Interesse am Lesen gefördert.

2 Glück im Unglück

Vor einigen Jahren hat meine langjährige Assistentin eine Glaskörperabsplitterung in beiden Augen erlitten und war von jetzt auf gleich berufsunfähig!

Ein persönlicher Schock und absolut schrecklich! Ihr Leben hat sich komplett gedreht. Neben dem gesundheitlichen GAU: Ein finanzielles Drama bahnte sich …

… nicht an!

Denn ein versierter Versicherungsmakler hatte ihr weit vor dem Unglück eine BU, also eine Berufsunfähigkeitsversicherung, verkauft. Gott sei Dank!

Und vielleicht musste er meine Assistentin sogar ein bisschen „positiv beeinflussen", weil sie womöglich zu dem Zeitpunkt noch gar kein Risiko gesehen hatte. Oft ist es ja so, dass der Experte (Arzt, Architekt, Marketer, Makler oder eine sonstige Fachkraft) eine Notwendigkeit sieht, der Laie nicht. Er kann seine Meinung vertreten, an der sich andere orientieren. Im Idealfall gewinnt er dadurch neue Kunden.

Folgendes ist dabei sehr wichtig:

Gute Produkte und gute Dienstleistungen sind die Grundlage des erfolgreichen Verkaufens. Der Kunde soll sich durch dich verbessern. Ohne Wenn und Aber!

Deswegen lautet der Untertitel dieses Buches: „Die Kunst, Kunden positiv zu beeinflussen".

Wie das gelingt, wie man die Zielgruppe von seinem Angebot überzeugt … ja, lass es uns von Beginn an offen aussprechen: wie man seine Kunden beeinflusst, das ist der Inhalt dieses Buches.

In diesem Sinne wünsche ich dir viel Spaß beim Lesen und fette Beute bei der Umsetzung.

Dein

PS:
Mehr über mich erfährst du auf Seite 230.

01

DIE KUNST,
DER BESTE SEINER NISCHE ZU WERDEN

BEST PRACTICE NESPRESSO

Was kostet ein Kilo Kaffee?
Vielleicht 8, 9, maximal 11 oder 12 Euro.

Was kostet ein Kilo Kaffee in Nespresso-Kapseln?
Bis zu 80 Euro!

Ja, du hast richtig gehört …
… das 8-fache für genau das gleiche Produkt.

Aber warum? Warum zahlen Menschen plötzlich das Zigfache für ein Produkt?
Die Antwort liegt in der Macht des Marketings.

Nespresso hat es geschafft, mehr als nur Kaffee zu verkaufen.
Sie verändern die Darreichungsform, schaffen ein Gefühl von Luxus und verkaufen Kaffee als Erlebnis.

Dabei spielt das Marketing eine entscheidende Rolle. Sie haben nicht einfach nur Kaffeekapseln auf den Markt gebracht – sie haben eine ganze Welt herum erschaffen. Eine Welt, in der George Clooney in elegantem Anzug den Kaffee genießt.

„What else?“

Eine Welt, in der der Nespresso-Konsum nicht nur eine tägliche Routine ist, sondern ein Lebensgefühl.

Die Kapsel in deiner Hand ist plötzlich nicht mehr nur eine simple Portion Kaffee, sondern ein kleiner Luxusmoment, den du dir gönnst. Und für diesen Moment sind wir bereit, tief in die Tasche zu greifen. Denn es geht nicht um den Kaffee an sich, sondern um das Gefühl, das du damit verbindest.

Und genau hier setzt gutes Marketing an.

In meinem neuen Buch erfährst du, wie auch du diese Prinzipien für dein Business nutzen kannst. Es geht darum, deine Marke so zu positionieren, dass deine Kunden nicht nur dein Produkt wollen, sondern das Gefühl, das es vermittelt.

Denn wie Nespresso zeigt:
Wenn dein Marketing stark genug ist, können deine Kunden plötzlich für das gleiche Produkt ein Vielfaches zahlen und mehr davon kaufen :-)

1.1 NUDGING

Fangen wir mit der wohl smartesten Form des Beeinflussens an, dem sogenannten „Nudging“ (engl. für „Anstupsen“). Ein furchtbares Wort, aber eine grandiose Idee, andere in die gewünschte Richtung zu lenken.

Dabei geht es um die Erkenntnis, dass Menschen ihre Entscheidungen nicht immer rational treffen. Studien gehen sogar davon aus, dass wir nur 2 Prozent unserer Entscheidungen bewusst treffen. Folglich treffen wir um die 98 Prozent unserer täglichen Entscheidungen unbewusst.

Um diese typischen menschlichen „Fehlentscheidungen“ auszugleichen, ohne dass die Menschen es selbst merken, nutzen wir Marketer das „Nudging“, also „Anstupsen“.

In diesem Kapitel zeige ich dir

7 wirkungsvolle Nudging-Beispiele

und

10 unterschiedliche Nudging-Möglichkeiten.

WIE WIRKUNGSVOLL NUDGING FUNKTIONIERT, ZEIGEN DIE FOLGENDEN 7 BEISPIELE:

1

Online wird immer mehr auf Nudging gesetzt.

So ist es zum Beispiel bei Flugtickets oder Handy-Tarifen inzwischen absolut üblich, dass drei Preiskategorien nebeneinander angeboten werden. Hierbei ist immer der mittlere Preis bereits voreingestellt, wodurch genau dieser am häufigsten vom User gekauft wird.

2

Ein weiteres bekanntes Beispiel von Nudging kennen zumindest die Männer unter uns:

In Pissoirs findet sich oftmals das Bild einer Fliege, und zwar dort, wohin man zielen soll. Und genau so ist es auch. Männer wollen die Fliege förmlich „abschießen“ und ersparen somit demjenigen, der später die Toiletten reinigen muss, viel Arbeit.

3

Weniger bekannt, dafür sehr interessant ist eine Untersuchung von Ben Saunders von der University of Southampton. Er hat herausgefunden, dass es einen enormen Unterschied im Programm für Organspenden zwischen den europäischen Ländern gibt.

In Ländern wie Dänemark oder Deutschland muss man durch konkrete Zustimmung zum Organspender werden. Dieses Verfahren wird als „Opt-in“ bezeichnet. In anderen Ländern wie Österreich oder Belgien ist grundsätzlich erst einmal jeder Organspender. Erst wenn man der Spende ausdrücklich widerspricht (sogenanntes „Opt-out“), ist man kein Organspender mehr.

Der sogenannte Default-Nudge (also die Veränderung von Voreinstellungen) sorgt für deutlich höhere Teilnehmerraten in Bezug auf die Organspende – womit etlichen Patienten mehr geholfen wird.

4

In Schweden gab es die „Speed Camera Lottery“. Autofahrer, die die Geschwindigkeit nicht überschritten, nahmen an einer Auslosung teil. Die Gewinner dieser Lotterie erhielten Preisgelder.

5

In der Metro in Stockholm gibt es neben den Rolltreppen auch klassische Treppenstufen. Nun, so ganz klassisch sind diese eben nicht mehr, denn man hat sie nicht nur optisch in ein Klavier verwandelt. Jede Treppenstufe spielt einen anderen Ton ab. Immer wenn man also die Stufen hochgeht, hört man seine eigene Melodie. Und genau dieser Nudging-Trick hat die Treppennutzung um 66 Prozent erhöht. Was für eine schöne und gleichzeitig auch noch gesunde Beeinflussung.

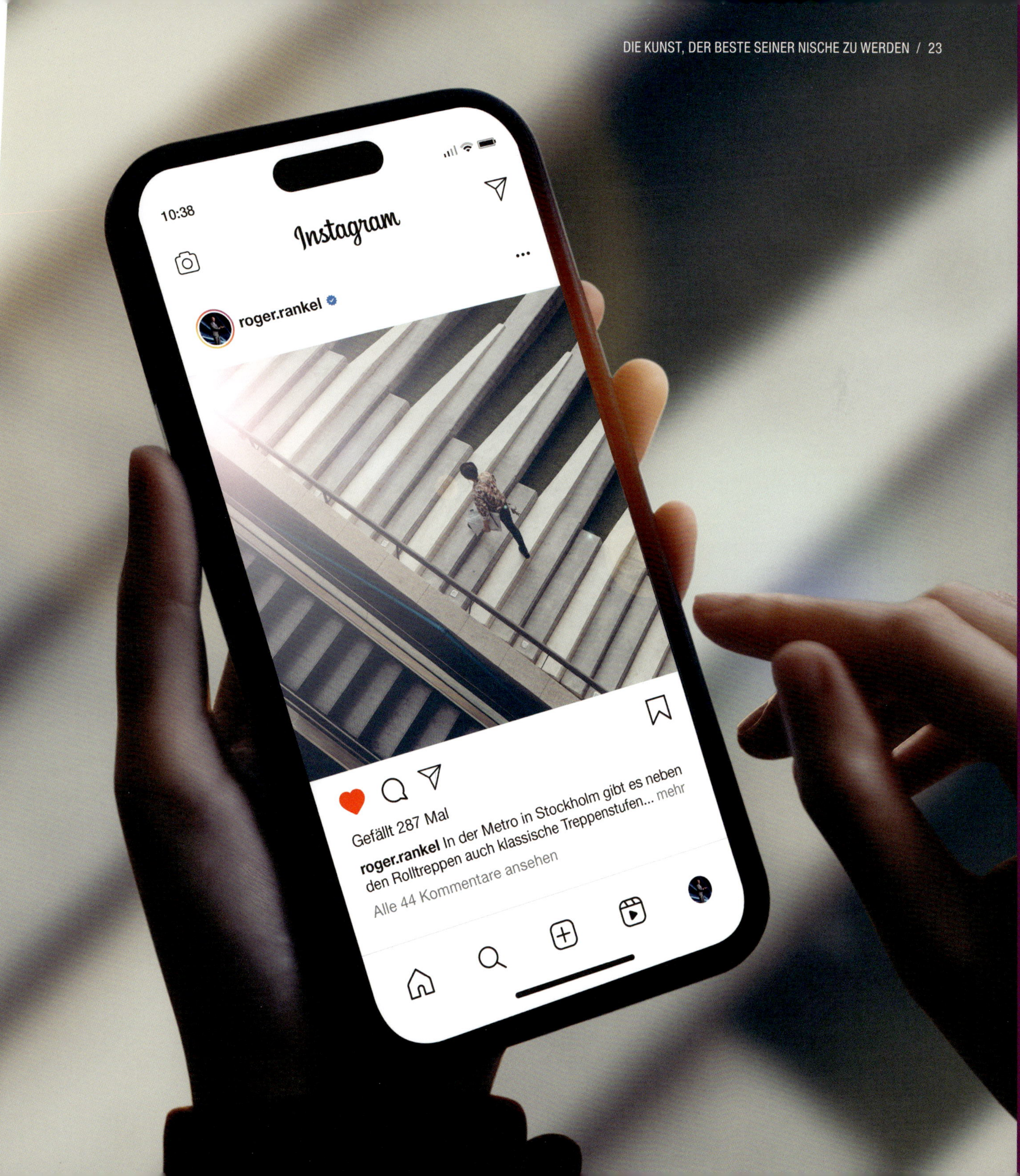
10:38
Instagram
roger.rankel
Gefällt 287 Mal
roger.rankel In der Metro in Stockholm gibt es neben den Rolltreppen auch klassische Treppenstufen... mehr
Alle 44 Kommentare ansehen

6

Auch im Gespräch kann Nudging unglaublich lenkend eingesetzt werden.

Allein das Stellen der Frage:

„Möchtest du Obst oder Saft zum Mittagessen haben?“,

motivierte laut einer Studie 70 Prozent der Schüler, wirklich Saft oder Obst zu bestellen.

Wurde die Frage hingegen offen gestellt, also:

„Was möchtest du zum Mittagessen?“,

wählten 40 Prozent weniger Schüler frisches Obst bzw. gesunden Saft.

7

Als meine Tochter und ich in den USA waren, besuchten wir täglich einen Shake-Laden. Ich bestellte immer einen Eiweißshake, und der Verkäufer fragte jedes Mal:

„Möchten Sie ein Ei dazu?“

Am dritten Tag schnappte ich mir den Ladeninhaber, stellte mich kurz vor und fragte, ob er schon mal etwas von Nudging gehört habe. Er verneinte, war aber sehr interessiert.

Ich sagte, er solle seine Gäste künftig nicht mehr fragen:

„Möchten Sie ein Ei dazu?“,

sondern:

„Möchten Sie Ihren Shake mit einem oder zwei Eiern?“

Er lächelte und setze es sofort um.

Und was geschah? Seine Kunden nahmen fast immer ein Ei, oftmals sogar zwei. Das erhöhte seinen Umsatz pro Shake um zwei bzw. vier Dollar. Und das Ei wurde so normal, als hätte es die Version ohne nie gegeben.

Ich schätze, dass er so seitdem jeden Tag ca. 100 Dollar mehr Umsatz generiert. Das macht im Monat um die 3.000 Dollar MEHR! Und das nur durch die richtige Frage, also das richtige Nudging!

Sidekick Viktoria

Nudging-Beispiel Onlinekauf

Blitzschnelle Checkouts – einfach mal schnell auf „Kaufen“ klicken und fertig, genau das lieben deine User heute! Mit One-Click-Buy und schnellen Checkout-Optionen wird der Onlinekauf zum Kinderspiel. Kein nerviges Ausfüllen von ewig langen Formularen. Alles läuft super smooth, direkt vom Smartphone aus – perfekt für jeden, der keine Zeit zu verlieren hat.

Nutze diese smarten Beschleuniger, um deine Kunden schnell zum Onlinekauf zu bewegen.

Nudging-Beispiel Fitnesstracker

Ein Gym sollte seine eigene App für Smartwatches haben. Es gibt zahlreiche Anbieter, die fertige Lösungen im Look des Studios anbieten. Diese coolen Gadgets geben dem Kunden einen sanften Nudge, wenn er zu lange gechillt hat: „Zeit, die Beine zu schwingen, Buddy!“

❶ Default – Voreinstellungen

Eine der bekanntesten Nudges ist die Veränderung von Voreinstellungen – sogenannte „Defaults". Dabei werden die Standardeinstellungen in die gewünschte Richtung verändert. Ein Beispiel: der automatische beidseitige Druck zum Papiersparen.

❷ Simplification – Vereinfachung

Das Prinzip der Vereinfachung zielt insbesondere darauf ab, komplexe Inhalte so einfach und verständlich wie möglich zu machen. Durch die Verwendung von einfacher Sprache kann beispielsweise das (Vor-)Ausfüllen von Formularen vereinfacht werden und dazu beitragen, dass Menschen eine informierte Entscheidung treffen.

❸ Nutzung von sozialen Normen

Hierbei wird betont, dass ein Großteil der Mitmenschen bereits das wünschenswerte Verhalten umsetzt. Dies soll bewirken, dass es auch bei den „angestupsten" Personen vermehrt zum gewünschten Verhalten führt. Dieser Art von Nudges begegnet man häufig in Hotels. Hinweise wie „9 von 10 unserer Hotelgäste verwenden ihr Handtuch mehrfach" können dazu führen, dass häufiges Wechseln der Handtücher vermieden wird.

4 Ease and Convenience – Einfachheit und Bequemlichkeit

Unter dem Motto „Make it easy“ versucht dieser Nudge, das wünschenswerte Verhalten auch zum einfachsten und intuitivsten Verhalten zu machen und beispielsweise gesündere Lebensmittel in den Alltag zu integrieren.

In Kantinen und Supermärkten werden dabei gesunde Lebensmittel attraktiv und auf Augenhöhe präsentiert, um zum Beispiel die Wahl zwischen Apfel und Schokoriegel in Richtung Apfel zu lenken.

5 Disclosure – Aufzeigen aller Bestandteile

Ähnlich wie das Prinzip der Vereinfachung zielt auch die Offenlegung aller Informationen darauf ab, dass Entscheidungen informiert getroffen werden. Auch hier ist wichtig, dass die Informationen in einer verständlichen Art und Weise präsentiert werden.

Diese Art von Nudge kommt insbesondere dann ins Spiel, wenn zwischen mehreren Möglichkeiten entschieden werden muss. Hat der deutsche Apfel immer eine bessere CO_2-Bilanz als der Apfel aus Neuseeland? Sind CO_2-Bilanzen zu beiden Äpfeln vorhanden, kann eine klimafreundliche Entscheidung getroffen werden.

6 Warnungen, Grafiken etc.

Diese Nudges zielen auf die Steuerung des Verhaltens durch Warnungen und Grafiken ab. Ein bekanntes Beispiel sind Schockbilder auf Zigarettenverpackungen, dazu gehören aber auch Nutzungshinweise auf öffentlichen Toiletten, die an das gewünschte Verhalten erinnern.

7 Precommitment Strategies – Selbstbindungsstrategien

Wer sich selbst überlistet und sich mit einem teuren Vertrag im Fitnessstudio anmeldet, folgt der Precommitment-Strategie – durch „Vorverpflichtung“. Mithilfe dieser Strategie soll nicht nur bestimmt werden, welches Verhalten geändert werden soll, sondern auch, was dazu notwendig ist. Möchte eine Person sich beispielsweise mehr bewegen, ist sie mit einer höheren Wahrscheinlichkeit erfolgreich, wenn sie dafür feste Zeiten bestimmt oder einem Kurs beitritt.

8 Reminder – Erinnerung

Oft reicht eine kurze Erinnerung aus, um im Alltagsstress nichts zu vergessen. Diese Erinnerung ruft der angestupsten Person das gewünschte Verhalten per Brief, E-Mail oder Plakat ins Gedächtnis. Ein Beispiel ist die Erinnerung durch eine Smartwatch, die sich bemerkbar macht, wenn das tägliche Schrittziel noch nicht erreicht ist.

9 Expecting Errors – Erwartete Fehler

Flüchtigkeitsfehler sind schnell passiert – dieser Nudge geht schon im Voraus von möglichen Fehlern aus, die bei einem bestimmten Verhalten passieren können. Durch Anpassungen im Ablauf soll dieser Nudge den eventuellen Fehlern vorbeugen. Ein Beispiel dafür ist, dass die Bankkarte zuerst aus dem Bankautomaten entnommen werden muss, bevor der Automat das Geld ausgibt. Dadurch wird das Vergessen der Bankkarte vermieden.

10 Feedback – Rückmeldung

Diese Art von Nudge beurteilt das Verhalten einer Person als positiv oder negativ. Beispiele dafür sind Smileys auf Tempolimit-Anzeigen im Straßenverkehr oder auf Stromrechnungen.

Nachdem wir zuvor die grundsätzliche Idee des Beeinflussens besprochen haben, geht es jetzt um dich. Schließlich besteht dein Business aus mehr als Passanten zu animieren, die Treppe zu nutzen, oder Autofahrer zu motivieren, angepasst zu fahren.

Deshalb möchte ich nun mit dir die beste aller Marketing-Regeln teilen.

Manchmal ist einem gar nicht mehr bewusst, dass sie der Ursprung von gelungenem Marketing ist. Aber auf sie stützt sich in der Tat der Erfolg vieler Kampagnen …

1.2 DIE AIDA-FORMEL

Reisende denken bei AIDA womöglich an ihre letzte Kreuzfahrt.
Liebhaber der Oper denken bei AIDA an Giuseppe Verdis Klassiker.
Und Online-Marketer? Natürlich an die Mutter aller Marketing-Grundlagen.

Und weil ohne diese Formel nichts geht, schafft sie den Einzug in dieses Buch. Hier ins erste Kapitel, wo es um die Grundlagen gehen soll.

AIDA ist und bleibt die beste Schrittfolge für verkaufsfördernde Maßnahmen und ist recht einfach erklärt:

A – **steht für Attention (dt. Aufmerksamkeit)**

I – **steht für Interest (dt. Interesse)**

D – **steht für Desire (dt. Wunsch)**

A – **steht für Action (dt. Aktion)**

Beim letzten Punkt A gehe ich gerne einen Schritt weiter: „Action“ steht im modernen Marketing für „Call-to-Action“ (kurz: CTA), was mit dem deutschen Begriff „Handlungsaufforderung“ gleichgesetzt wird.

DIE 4 STUFEN LEICHT ERKLÄRT

1 Attention **(Aufmerksamkeit)**

Jede Marketingmaßnahme funktioniert nur so gut wie sie überhaupt die Aufmerksamkeit möglicher Kunden bekommt. Diese Attention kann durch Farbe, Formen, plakative Schriften, krasse Aussagen, Bewegteile oder einer guten Hook erreicht werden.

Die Telekom hat es mit der besonderen Farbe Magenta geschafft, Sixt mit dem knalligen Orange.

Fakt ist: Signalfarben prägen sich ein. Sie ziehen die Blicke auf sich und bleiben noch lange, nachdem man sie das erste Mal gesehen hat, im Gedächtnis haften.

Warum? Weil sie aus der grauen Masse herausstechen und eine klare, unmissverständliche Botschaft senden. Sie sind wie der laute, coole Typ auf der Party, den man nicht ignorieren kann.
Aber nicht nur das. Der Autovermieter spielt zusätzlich zur Farbe auch mit großen Lettern (Schriften) und starken Aussagen bis hin zu Bewegteilen.

So gibt es am Münchner Flughafen eine große Schiebetür, die laufend automatisch auf- und zugeht. Oben drüber steht: **Auf zu auf zu auf zu SIXT**.

MediaMarkt hat über lange Zeit mit dem starken Spruch **„Ich bin doch nicht blöd!“** die Aufmerksamkeit gewonnen.

Fritz-Kola meint, **„Koksen ist 80er“**, und mein guter Bekannter und Influencer Karl Ess beginnt seine Reels meistens mit einer ebenso krassen wie starken Aussage.

YouTuber nennen diese Technik **„Hook“.** Man setzt anfangs quasi eine Art Haken, an dem die User hängen bleiben. Und genau das macht den Unterschied, warum manche Werbetrailer gut funktionieren und manche eben nicht. Heißt: Alles ist erlaubt, um die nötige Attention zu bekommen.

2 Interest (Interesse)

Von der Attention geht es dann – oft nahtlos – zum Interesse über. Manchmal sind die beiden sogar eins. Wenn Produkte und Dienstleistungen gut vermarktet werden, zielen sie auf bestimmte Grundbedürfnisse ab und treffen damit den Geldbeutel des Kunden.

Hier gleich mal eine Auswahl der Bedürfnisse, von denen dein Offer, also dein Angebot, mindestens eins, eher zwei oder drei erfüllen sollte:

- Status
- Nachhaltigkeit
- Sicherheit
- Zugehörigkeit
- Luxus
- Genuss
- Sicherheit
- Verbesserung
- Qualität

Interesse wecke ich beim Kunden sprachlich am besten dann, wenn ich mein Angebot als eine Art Leistungsversprechen formuliere.

So betitelte mein Speaker-Kollege Bodo Schäfer seinen Weltbestseller **„In 7 Jahren zum Millionär“**, und ich bin mit meinem Bestseller **„Die Geheimnisse der Umsatzverdoppler“** ebenfalls gut gefahren.

Alles starke Leistungsversprechen. Genauso wie **„Abnehmen im Schlaf“**, **„Zeitmanagement für Faule“** oder wie Deutschlands größte Schülerhilfe verspricht: **„5 weg oder Geld zurück“**. Der Erfolg ist quasi programmiert.

Sidekick Viktoria

Der FOMO-Effekt

In der werbepsychologischen Sprache reden wir hier von dem sogenannten FOMO-Effekt – „Fear of missing out". Diese Angst, etwas zu verpassen, ist ein extrem starker Motivator. Sie wird besonders dann angekurbelt, wenn Angebote quantitativ oder zeitlich begrenzt sind. Er ist das psychologische Äquivalent zu einem Countdown, der tickt und uns innerlich antreibt, schnell zu handeln, bevor es zu spät ist.

Parship sagt: **„Alle 11 Minuten verliebt sich ein Single …"**, und schafft es so, das Interesse der Singles zu steigern (wobei laut einer Studie bis zu 20 Prozent der Mitglieder auf diesen Plattformen gar keine Singles sind).

3 Desire (Wunsch)

Ebenfalls nah dran ist die nächste AIDA-Stufe Desire, also der Wunsch, oder besser gesagt: die Begehrlichkeit. Diese wird am ehesten getriggert, wenn wir im Gehirn des potenziellen Kunden eine Emotion auslösen. Ein absolut erfolgserprobtes Tool ist hierfür die Verknappung. Sprich: wenn ein Produkt oder eine Dienstleistung limitiert ist. Dieser Umstand löst beim Kunden nämlich ein Verlangen und gleichzeitig eine Dringlichkeit aus. Er möchte das Produkt haben … und zwar am besten gleich jetzt.

Weitere Marketing-Techniken, die diese Begehrlichkeit auslösen, sind Sonderangebote. Sie lösen in unserem Gehirn das Vorfreude-Hormon Dopamin aus. Genauso wie Produkte oder Dienstleistungen, die einfach und „ungefährlich" zu bekommen sind:

- ✔ **Kostenlose Rückgabe**
- ✔ **Verlängerte Rückgabefrist**
- ✔ **Keine Versandkosten**
- ✔ **Sofort erhältlich**
- ✔ **Zu Ihnen nach Hause geliefert**

Oder noch stärker: **„Wir liefern innerhalb von 60 Minuten oder Sie müssen nichts bezahlen!"**, wie es ein erfolgreicher Getränkelieferdienst verspricht.

4 Action **(Aktion)**

Mit diesem Wunsch, das Produkt nun haben zu wollen, geht der Abschluss einher – symbolisiert durch das hintere A in AIDA.

Bewährte Handlungsaufforderungen sind:

- **Jetzt kaufen**
- **Jetzt sparen**
- **Jetzt bestellen**
- **Jetzt mehr erfahren**
- **Jetzt Termin vereinbaren**
- **Hol dir den Look JETZT – bevor er weg ist!**

Übrigens ist das Wort „Jetzt" ein extrem starker Beeinflusser.

Netto sagt (oder schreit): **„Dann geh doch zu Netto!"** Und Saturn: **„Nichts wie hin."**

Übrigens konnten wir nachweisen, dass im Onlinehandel der Bestell-Button, also der Call-to-Action, am besten konvertiert, wenn er:

- **die Signalfarbe ROT hat,**
- **ganz leicht pulsiert,**
- **abgerundete Ecken hat.**

Denn so stimuliert er den Kunden am ehesten nach dem Motto:
„Drück mich", **„Kauf mich"**, **„Jetzt Termin vereinbaren"**, **„Jetzt bestellen"**.

Fazit: Egal, um welche Werbekampagne, welchen Vertriebsweg und welches Produkt es geht, und egal, was im Folgenden noch alles zu beachten ist, AIDA ist immer die Basis des guten Verkaufens.

1.3 VIA NEGATIVA

Oder: Die Kunst des Weglassens

Michelangelo wurde mal gefragt, wie er es geschafft habe, die tolle David-Statue zu erschaffen. Er muss wohl relativ trocken sinngemäß geantwortet haben:

„Ich habe alles, was nicht David ist, weggelassen."

Eine klasse Antwort. Aber was steckt eigentlich hinter diesem Zitat? Michelangelo meinte genau das: Via Negativa – die Kunst des Weglassens.

In diesem Kapitel zeige ich dir, wie wichtig es ist, dass du dich nur mit dem beschäftigst, was dich voranbringt.

Die Umsetzung ist jedoch nicht nur großartig, sondern gleichermaßen schwer.

Deshalb gebe ich dir in diesem Kapitel

3 Leitsätze, die du immer beachten solltest,

und

3 Beispiele zur Inspiration.

Die folgenden 3 Leitsätze helfen dir dabei:

1. **Alles auf den Prüfstand stellen; und wenn es keinen Sinn ergibt: weglassen.**
2. **Alles, was einen nicht zum gewünschten Erfolg führt: weglassen.**
3. **Alles, was in keiner Relation steht: weglassen.**

Aber warum ist das so schwer?

Weil wir von Kindesbeinen an darauf konditioniert worden sind, dazuzunehmen, dazuzubauen. Mehr anzuschaffen, mehr zu behalten … mehr, mehr, mehr. So haben wir es schon beim Spielen mit Lego oder beim Schneemannbauen gelernt.

Dabei ist dieses Weglassen als Erwachsener so wichtig!

Weniger ist das neue Mehr, und wir wissen alle: Wer aufsteigen will, muss Ballast abwerfen.

Aber warum ist es so schwer, loszulassen?

Na ja, manches sind lieb gewonnene Gewohnheiten, manches wurde nie infrage gestellt und manches gibt uns ein vermeintlich gutes Gefühl. Blinder Aktionismus.

Nicht nur bei Aktivitäten sollten wir darauf achten, nur noch das Richtige zu machen. Auch bei unserem Produkt und bei unserem Marketing. Branchenführer machen es uns vor.

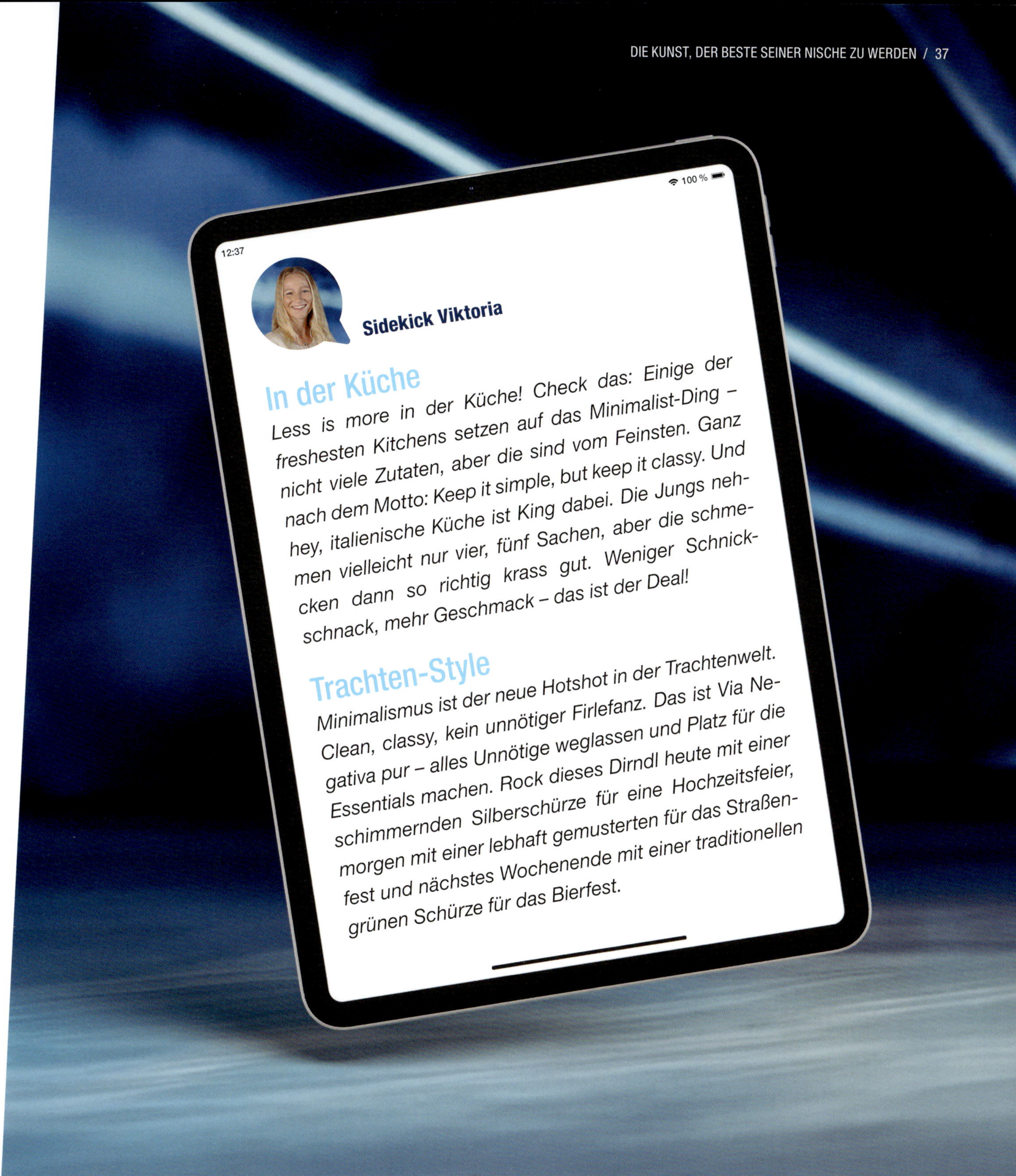
12:37
100 %
Sidekick Viktoria
In der Küche
Less is more in der Küche! Check das: Einige der freshesten Kitchens setzen auf das Minimalist-Ding – nicht viele Zutaten, aber die sind vom Feinsten. Ganz nach dem Motto: Keep it simple, but keep it classy. Und hey, italienische Küche ist King dabei. Die Jungs nehmen vielleicht nur vier, fünf Sachen, aber die schmecken dann so richtig krass gut. Weniger Schnickschnack, mehr Geschmack – das ist der Deal!
Trachten-Style
Minimalismus ist der neue Hotshot in der Trachtenwelt. Clean, classy, kein unnötiger Firlefanz. Das ist Via Negativa pur – alles Unnötige weglassen und Platz für die Essentials machen. Rock dieses Dirndl heute mit einer schimmernden Silberschürze für eine Hochzeitsfeier, morgen mit einer lebhaft gemusterten für das Straßenfest und nächstes Wochenende mit einer traditionellen grünen Schürze für das Bierfest.

WEGLASSEN IM BUSINESS

3 Beispiele

1 Apple

Gehen wir dazu beispielsweise mal gedanklich in einen Apple-Store: Der ist ziemlich reduziert. Keine Deko, keine Pflanzen, keine Teppiche. Nichts außer stylischen Holztischen, auf denen die Ware präsentiert wird. Eben Via Negativa.

2 Google

Oder schau dir mal die Startseite von Google an. Da siehst du quasi nur das Google-Logo und die Suchleiste. Das bisschen, was es tatsächlich auch noch gibt, ist so stark in den Hintergrund gerückt worden, dass es fast gar nicht existiert.

Der Mitbewerber Yahoo war früher der weltweite Marktführer. Leider hat er genau das falsch gemacht. Seine Seite ist vollgepackt mit allem Möglichen. Die Konsequenzen: Den Besuchern wird es beim mehrmaligen Anwenden pro Tag kognitiv einfach zu anstrengend und sie bevorzugen Google. Schon vor vielen Jahren wurde Yahoo von Google vor allem aus diesem Grund unerreichbar abgehängt.

3 Motel One

Die Hotelkette ist auch ein prima Via-Negativa-Beispiel: kein Gym, keine Sauna oder Ähnliches – dafür hochprofitabel!

Durch mein erstes Buch habe ich meine ersten Vorträge gehalten und das Publikum wurde nach und nach immer größer.

Einige sagten zu mir:

> **„Roger, du brauchst unbedingt eine PowerPoint-Präsentation."**

Mit Verlaub, die habe ich bis heute nicht.

Ich verstehe mich als Sprech-Berufler und konnte stets mit Sprache, Dramaturgie und starken Inhalten überzeugen. Ich habe sie also bewusst weggelassen.

Heute, mehr als 3000 größere Vorträge später, weiß ich, dass dies die richtige Entscheidung war.

Vor Kurzem wurde ich mit der höchsten Auszeichnung, die es in unserer Branche gibt, dem **SPEAKER DES JAHRES**, ausgezeichnet.

1.4 ELIMINIEREN/ EXPANDIEREN

Wer das konstruktive Weglassen umgesetzt hat, ist schon auf der Zielgeraden.

Das, was ich dir jetzt in diesem Kapitel verrate, bringt dir zwar den ultimativen Durchbruch, aber eben erst dann, wenn du dich zuvor an die Via Negativa gehalten hast.

Im Management nennt man das auch **„die Kraft der kreativen Zerstörung"**.

Zerschlagen, wegnehmen, reduzieren – eben eliminieren. Und dann klappt's auch mit dem Expandieren.

DAZU 2 BEISPIELE

1

Ich hatte vor einiger Zeit einen wirklich echten Experten in meinem Bootcamp. Er war Krankengymnast, Osteopath,

Schmerztherapeut – und das alles noch mit vielen weiteren Zusatzausbildungen. Eine wirkliche Koryphäe auf seinem Gebiet.

Er hatte auch bereits einen großen Kundenstamm. Aber … dieser stagnierte. Mit einem Jahresumsatz von ca. 250.000 Euro befand er sich durchaus auf einem hohen Niveau, aber er kam über Jahre nicht weiter voran.

Sein Problem: Er war so gut, dass genau dies sein Marketing störte. Ja, so könnte man es ausdrücken. Die Fülle seiner Fähigkeiten stand einem guten Claim, Slogan oder Elevator Pitch im Weg.

Im Bootcamp lernte er also, was richtiges Eliminieren bedeutet. Also strich er in seinem Marketing alles bis auf eins weg: Denn in der Disziplin der Schmerztherapie war er deutlich besser als alle anderen Berufskollegen. Über dieses Thema wurde er bereits oft weiterempfohlen.

Diese Technik ist fachlich zwar hochkomplex, aber für den Patienten besteht sie im Kern aus einer wesentlichen Methode: auszuatmen. Richtig und tief auszuatmen. Und das am besten fünfmal am Tag mit Anleitung.

Aus dieser reduzierten Erkenntnis ist dann ein starker Claim entstanden. Oder wie wir in Kapitel 1.2 im Kontext mit der AIDA-Formel schon gehört haben, ein starkes Leistungsversprechen:

„In 5 Atemzügen schmerzfrei!“

Mit diesem Titel hat er anschließend einen Videokurs auf den Markt gebracht und bereits im ersten Jahr mehr als 1,1 Mio. Euro Umsatz generiert. Somit erzielt er mit sehr viel weniger Arbeit den vierfachen Umsatz! Abzüglich aller Marketing-Kosten hat er den fünffachen (!) Gewinn der Jahre davor gemacht.

Wie? Genau nach unserer Vorgehensweise: **Erst eliminieren, dann expandieren**.

Klar, als das Produkt bzw. der Videokurs auf dem Markt war, wurde durch unsere Agentur ein starkes Online-Marketing realisiert. Somit skalierte das Produkt quasi wie von selbst. Aber all das werden wir noch an anderer Stelle in diesem Buch besprechen.

2

Ich selbst bin übrigens in meiner Karriere ähnlich vorgegangen und habe mich nur auf eine klitzekleine Nische konzentriert: **Empfehlungsmarketing für Finanzdienstleister.**

Die Branche kenne ich seit meinem 19. Lebensjahr: Makler, Vermittler sowie Berater aus der Immobilien-, Finanz- und Versicherungsbranche.

Und ich kenne natürlich deren Grundbedürfnis: Kundengewinnung.

Schnell war mir klar: Die beste Form der Kundengewinnung in diesen Branchen ist es, über Empfehlungen zu neuen Kunden zu kommen.

Ich selbst galt schon lange als der **„Empfehlungspapst"** und habe mich mit dem Seminar **„Endlich Empfehlungen"** in kürzester Zeit in eben genau diesen Branchen etabliert.

Heute, einige Jahre später, habe ich eine Referenzliste von über 500 Vertrieben, Gesellschaften und Banken. Kurzum, ich habe die Branche genau damit erobert.

Als ich übrigens das Gefühl hatte, die Branche „gehört" mir, habe ich das gleiche Thema auf weitere Branchen ausgedehnt. Erst die IT-, dann die Pharmabranche. Später kamen noch die Automobilbranche und weitere hinzu.

Und im derzeit letzten Schritt meiner Expansion habe ich als zweites Thema Online-Marketing hinzugenommen und ebenfalls wieder eine Branche nach der anderen erobert.

Was heißt das jetzt für dich?

1. **Weglassen, was dir nicht den gewünschten Erfolg bringt = eliminieren**
2. **Verstärken, was gut ankommt und wirklich Umsatz bringt = expandieren**

Übrigens:
Einer, der brutal expandiert hat, ist Nusret. Der Metzgersohn aus Erzurum in der Türkei, der heute ein weltweites Gastro-Label leitet.

BEST PRACTICE NUSRET

Vom Metzgersohn zum globalen Phänomen

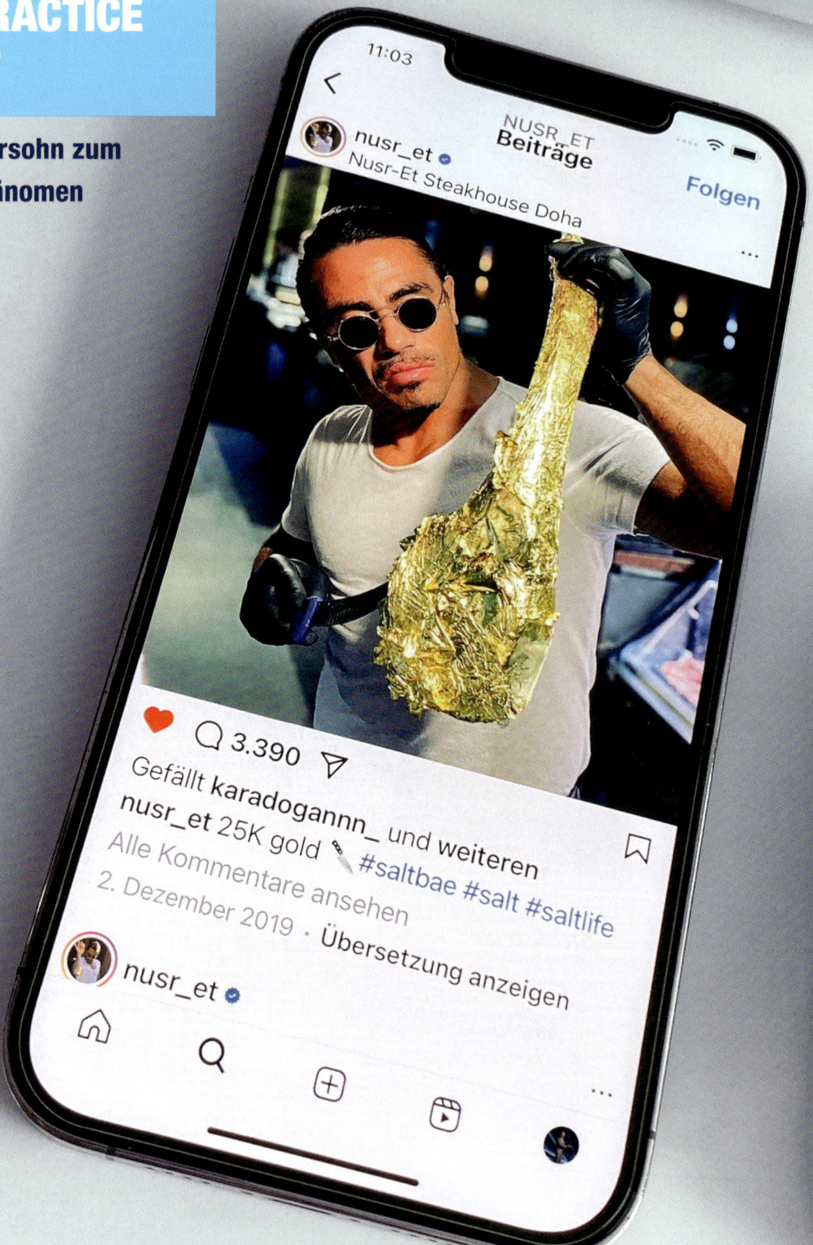

1 Eine Geste, die zur Marke wurde

Manchmal reicht eine einzige markante Geste, um eine ganze Marke zu definieren. Sein legendärer „Salt Bae"-Move, bei dem er das Salz in einem eleganten Bogen von seinem Unterarm auf das Steak rieseln lässt, hat ihn über Nacht zu einer weltweiten Sensation gemacht.

Doch es ist nicht nur die Geste an sich, sondern die Inszenierung, die zählt. Diese einfache, aber perfekt choreografierte Bewegung wurde sein Markenzeichen und katapultierte ihn in den sozialen Medien an die Spitze.

2 Luxus pur: die vergoldeten Steaks

Im Marketing spricht man von „Exclusivity Marketing" – das Spiel mit dem Luxus und der Seltenheit. Nusret hat dieses Prinzip auf die Spitze getrieben. Seine mit essbarem Gold überzogenen Fleischstücke kosten Hunderte von Dollar und sind mehr als nur ein Gericht; sie sind ein Statement.

Dieser Schachzug zeigt, wie wichtig es ist, sich im Luxussegment durch einzigartige, unvergessliche Erlebnisse abzuheben.

3 Die Macht der sozialen Medien voll ausgeschöpft

Nusret wusste von Anfang an, wie mächtig Social Media sein kann, wenn man es richtig nutzt. Durch die regelmäßige Veröffentlichung von Videos und Bildern auf Plattformen wie Instagram hat er seine Marke in die Welt hinausgetragen. Millionen Menschen verfolgen seine Posts, teilen sie und sorgen so für eine unaufhaltsame Verbreitung seiner Marke.

Social Media ist für Nusret nicht nur ein Kanal, sondern der Motor seines Erfolgs. Es ist die Bühne, auf der er seinen Ruhm inszeniert und seine Marke täglich weiter stärkt.

Seit Jahrzehnten wissen Marketing-Experten, dass es keine einzige Regel gibt, die wirklich immer gilt. Natürlich gibt es viele Gesetzmäßigkeiten, Tipps und Tricks, die alle funktionieren.

Aber wir müssen uns immer vor Augen halten: Ohne Regeln gibt es keine Ausnahmen. Letztlich kommt es immer auf den konkreten individuellen Fall an.

In diesem Sinne möchte ich dir die folgenden 4 Facts nahelegen:

1 Volatilität

Die Welt dreht sich immer schneller, und was heute noch als sicher gilt, kann morgen schon ganz anders aussehen. Im Marketing erleben wir das täglich: Trends kommen und gehen in rasantem Tempo.

Daher ist es entscheidend, dass du flexibel bleibst und bereit bist, deine Strategien laufend anzupassen. In diesem Buch findest du viele Ideen und Konzepte – nimm sie als Anregungen, aber sei dir bewusst, dass du immer bereit sein musst, sie an die aktuelle Situation anzupassen.

2 Unsicherheit

Nicht immer haben wir alle Antworten parat, aber Entscheidungen müssen trotzdem getroffen werden. Gerade im Marketing gibt es selten eine Garantie für den Erfolg. Manchmal wirst du mit unvollständigen Informationen arbeiten müssen und trotzdem mutig voranschreiten.

Es wird wichtig sein, dass du bereit bist, ins Ungewisse zu springen und Neues auszuprobieren – auch wenn nicht jeder Schritt von Anfang an klar ist, denn gerade im Unternehmerischen wächst man an der Aufgabe.

3 Komplexität

Unsere Welt ist komplexer geworden und nichts passiert isoliert. Jede Entscheidung hat Auswirkungen, oft auch dort, wo wir es nicht erwartet hätten. Im Marketing bedeutet das, dass du die Zusammenhänge verstehen musst, um kluge Entscheidungen zu treffen.

Während du dieses Buch liest, wirst du auf zahlreiche Strategien stoßen. Denke immer daran: Die besten Entscheidungen basieren darauf, das große Ganze zu sehen und nicht nur auf die offensichtlichen Aspekte zu schauen.

4 Mehrdeutigkeit

Es gibt nicht immer einfache Antworten – oft existieren mehrere Wege, die zum Ziel führen können. Im Marketing musst du lernen, mit dieser Mehrdeutigkeit umzugehen und sie als Chance zu sehen, verschiedene Ansätze auszuprobieren.

Dieses Buch bietet dir viele Perspektiven. Sei offen dafür, dass es nicht die eine richtige Lösung gibt, sondern oft mehrere Wege, die zum Erfolg führen können. Nutze die Ideen in diesem Buch als Werkzeuge, um deinen eigenen, erfolgreichen Weg zu finden.

02

DIE KUNST,
SICH EINEN UNAUFHOLBAREN VORTEIL ZU VERSCHAFFEN

2.1 MOMENTUM

Kommen wir nun zu einer Überlegung, die viele völlig unterschätzen, die aber für erfolgreiches Marketing unfassbar wichtig ist:

das richtige Momentum aufbauen.

Ja, richtig, „aufbauen". Doch wie geht das?

In diesem Kapitel gebe ich dir

4 Beispiele aus der Praxis

und anschließend noch

8 Hacks, um das selbst umzusetzen.

4 BEISPIELE, WIE DU DEIN MOMENTUM AUFBAUEN KANNST,

... plus „one more thing".

1 Die Flitzerin

Als Erstes ein schlüpfriges, aber sehr anschauliches Beispiel, das wir Marketer wirklich als „Lehrstück" ansehen. Wenn wir dahinter schauen, können wir Wertvolles für andere Business-Formen ableiten. Vielleicht erinnert sich der eine oder die andere noch an diese Szene:

Kinsey Wolanski ist 2019 beim Champions-League-Finale zwischen Jürgen Klopps FC Liverpool und Tottenham (2:0) in der 18. Minute fast nackt über das Spielfeld gelaufen.

Seither folgen ihr fast 4 Millionen Menschen auf Instagram.

Von Instagram leitet sie viele ihrer Follower auf OnlyFans und verdient da tatsächlich zwischen 40.000 und 50.000 Euro im Monat.

Kinsey hat das Momentum eines weltweit ausgestrahlten Sportereignisses genutzt. Sie hat die Gunst der Zielgruppe genutzt, denn trotz des immer größer werdenden Frauenanteils beim Fußball sind es immer noch knapp 70 Prozent Männer, die vor dem Fernseher sitzen oder im Stadion stehen.

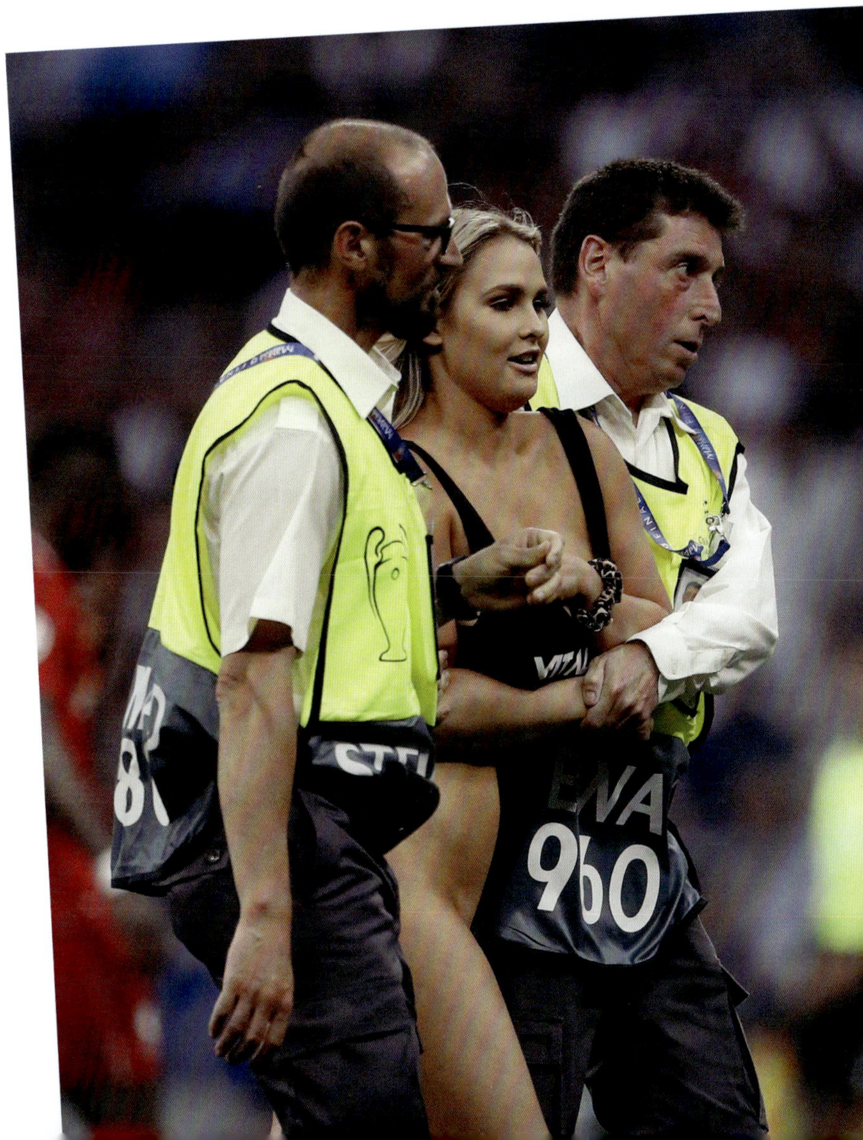

Kinsey hat der Zielgruppe entsprechend das „passende" Outfit gewählt (Sorry, liebe Männer, wenn ich uns hier alle über einen Kamm schere) und zwischen ihren Brüsten war ihre Werbebotschaft zu sehen.

Kurzum, sie hat die Sichtbarkeit perfekt genutzt und von dort auf ihren OnlyFans-Account „hingepitcht". Dort hat sie ein „unwiderstehliches Offer" – ein Monatsabo. (Was von Haus aus ein interessantes Package ist. Dazu aber später mehr.)

2 Pelés Schnürsenkel

Bleiben wir ganz kurz beim Fußball und gehen noch ein paar Jahre zurück:

Ebenfalls bei einem Endspiel, nämlich dem der Weltmeisterschaft 1970 in Mexiko, bat der Kapitän der brasilianischen Mannschaft, Pelé, den Schiedsrichter um Aufschub, damit er – natürlich fernsehtauglich – seine Schuhe kurz vor dem Anpfiff binden konnte.

Puma zahlte Pelé dafür 120.000 Dollar, was damals eine riesige Stange Geld war, und zig Millionen Zuschauer sahen den Schuh von Wunderspieler und Weltstar Pelé in Nahaufnahme.

Diesen Fokus kannst du in deinem Business selbst erzeugen. Deswegen möchte ich dir als Nächstes ein paar Beispiele aus der Praxis für die Praxis liefern:

3 Die Wasserball-Aktion

Vor vielen Jahren habe ich eine recht große Fitnessstudio-Kette beraten. An einem heißen Sommertag sind wir mit der gesamten Mannschaft von einer größeren Filiale an den nahegelegenen See gefahren. Wir hatten 300 (!!!) große Wasserbälle, natürlich in der Studiofarbe und mit dem Studiologo bedruckt, sowie einige elektrische Luftpumpen dabei. Wir haben alles gegeben, um die ganzen Wasserbälle schnell aufzupumpen.

Jetzt kommt's: Von jetzt auf gleich haben wir das Badegelände mit den Wasserbällen „geflutet". Immerhin 300 Stück. Und von jetzt auf gleich haben die Leute Ball gespielt. Am Wasser, im Wasser, auf dem großen Liegesteg – einfach überall.

Ich weiß nicht, ob 1.000 oder 2.000 Badegäste an dem Tag da waren. Ich weiß nur, dass jeder Einzelne die Ball-Aktionen wahrgenommen hat, und zwar lächelnd. Und jeder wird ein paarmal „Ballkontakt" gehabt haben.

Noch am selben Tag, aber auch noch Tage danach kamen vermehrt Interessenten in das Studio. Manche, um es zu besichtigen, aber andere, um sich gleich anzumelden. Das Studio war von nun auf jetzt nicht nur in dieser kleinen Stadt, sondern in der gesamten Region um den See herum ein für alle Mal bekannt und konnte gegen Mitte des Sommers schon das erste Mal mit einem „Mitglieder-Aufnahmestopp" in die Werbung gehen.

Bis heute haben wir diese Aktion insgesamt viermal wiederholt. Und für alle Umweltbewussten sei gesagt: Die meisten Bälle wurden von den Badegästen als Souvenir mitgenommen. Und alle, die abends noch übrig geblieben sind, wurden vom Team des Studios wieder aufgesammelt und für das nächste Momentum genutzt.

4 Die Erdbeer-Überraschung

In meinem Bootcamp hatte ich zuletzt einen Teilnehmer, der diese Überlegung perfekt für sich adaptiert hat. Ein erfolgreicher Vermögensberater, der sich ebenfalls für einen sehr heißen Sommertag etwas Starkes hat einfallen lassen.

Er schickte jedem seiner 320 Kunden per Lieferdienst eine schicke Schachtel mit gekühlten und mit weißer Schokolade überzogenen Erdbeeren. Wow. Was für eine Überraschung! Hochwertig und unverhofft.

Zwei Tage später nutzte er das Momentum und versendete an diese 320 Kunden eine Video-E-Mail:

> **„Vielen Dank für die vielen tollen Rückmeldungen. Ich freue mich sehr, dass nicht nur meine Beratung, sondern auch mein Service und eben solche Überraschungen wie die mit den gekühlten Erdbeeren so geschätzt werden."**

> **„Nun bin ich schon öfter gefragt worden, ob ich überhaupt noch neue Kunden annehme. Ja, wenn sie auf Empfehlung kommen! Und so freue ich mich sehr, gerade von Ihnen weiterempfohlen zu werden."**

> **„Nutzen Sie dazu einfach meine Empfehlungsseite und senden Sie sie einfach an Bekannte, denen Sie ebenfalls ein Beratungsgespräch mit mir gönnen."**

Diese Kampagne hat in etwa 6.400 Euro gekostet … aber im Ergebnis:

- ✔ **71 Empfehlungen gebracht,**
- ✔ **43 Neukunden innerhalb von sechs Wochen generiert,**
- ✔ **104.000 Euro Zusatzumsatz unmittelbar hieraus erzielt.**

Zudem haben viele der Empfohlenen selbst ihn auch wieder weiterempfohlen und darüber hinaus weitere Produkte abgeschlossen. Fast ein Selbstläufer. In dieser Kampagne wurde also ein Momentum aufgebaut und die AIDA-Formel angewandt. Par excellence.

One more thing

Es geht also darum, das Richtige zum richtigen Zeitpunkt zu machen. Oder: sich womöglich selbst solch einen richtigen Zeitpunkt zu schaffen.

Dieser Zeitpunkt ist eine Kombination aus Kraft, Push und Tempo … und alles in allem ein leichter Überschwang.

Dieser „Überschwang“ gelang Steve Jobs, als er 2007 eine seiner berühmtesten Reden hielt:

„One more thing.“

In diesem Event, vor den Augen der Weltpresse und ausgewählten Gästen, präsentierte er überschwänglich ein einziges Gerät, das mehrere andere in sich vereint – das erste iPhone.

Heute nennt man das Connectivity.

Sidekick Viktoria

„Connectivity“ bezeichnet die Kunst, durch intelligente Vernetzung ein perfektes Momentum zu schaffen. Denk an deine Marke wie an ein pulsierendes Netzwerk, jede Verbindung ein Kanal, jedes Gespräch ein potenzieller Funke. Wie ein DJ, der den Beat genau zum Höhepunkt droppt, müssen Marken lernen, ihre Botschaften im perfekten Moment zu platzieren. Nutze die Connectivity, um nicht nur präsent, sondern ein echter Teil des Lebens deiner Kunden zu werden. Deine Botschaft? Immer on point, viral und unwiderstehlich.

Auch online wird für bestimmte Kampagnen ein solches Momentum aufgebaut, also ein Überschwang.

BEISPIELE ANDERER BRANCHEN

1. Der komplette Einzelhandel macht ein riesiges Tamtam für den Black Friday.

2. Blumen- und immer mehr Online-Blumenhändler nutzen das Momentum für den Muttertag oder den Valentinstag.

3. Buchautoren (wie ich) nutzen einen guten Buch-Launch, um direkt in die Bestsellerliste zu kommen.

4. Veranstalter hypen ihr Event oder ihr Konzert.

5. Trachtendesigner nutzen die Zeit der Waldfeste und des Oktoberfests.

6. Der Immobilienmakler kreiert das Momentum kurz vor der Objektschließung.

7. Streetwear-Marken wie Supreme und Off-White nutzen limitierte Drops.

8. Apple baut mit Teasern und sozialen Medien einen Hype um neue Produktveröffentlichungen auf.

... und wann ist deine Zeit gekommen?

2.2 POSITIONIERUNG

Kommen wir nun vom Momentum zur Positionierung und damit zu der Frage aller Fragen:

Für was stehst du?

Mit dieser Frage meine ich: Für was steht dein Produkt, deine Dienstleistung, deine Firma oder du selbst, wenn du eine Personenmarke bist?

- **Was ist sozusagen dein Label?**
- **Was haftet dir an?**
- **Was sagt man dir nach?**
- **Wer bist du?**

In diesem Kapitel nenne ich dir

11 gute Beispiele für Positionierung

und

4 Positionierungsregeln.

Bevor ich näher darauf eingehe, wie man seine eigene Positionierung findet, hier elf gute Beispiele. Fast alle dieser folgenden Labels habe ich entwickelt bzw. mitentwickelt. Teilweise sind sie in einem meiner Bootcamps entstanden.

1. **Die Scheidungsexpertin, der Frauen vertrauen**
2. **Der Online-Vermögensberater für Mediziner**
3. **Beratung ohne Worte**
   Beratung in Gebärdensprache
4. **Die besten Zinsen der Stadt**
   Günstige Baufinanzierungskonditionen
5. **Der BauMa-Spezi**
   Makler für die Baumaschinenbranche
6. **Der Finanzmakler Nr. 1 für Musiker**
7. **Der Experte für Kundengewinnung**
8. **Europas erfolgreichster Gedächtnistrainer**
9. **Das Fitnessstudio im Münchner Süden**
10. **Hier kauft man seine Tracht**
11. **Trzesniewski**
    Die unaussprechlich guten Brötchen

4 POSITIONIERUNGSREGELN

Nun komme ich zu den Regeln, die du für dich selbst nutzen solltest. Die Architektur von solchen Positionierungsaussagen ist nämlich immer ziemlich ähnlich.

1

Binde vorweg möglichst einen Artikel mit ein, denn dieser setzt einen Schwerpunkt auf etwas Einzigartiges:

„DIE Scheidungsexpertin, der Frauen vertrauen“ statt nur „Scheidungsexpertin“

„DER Online-Vermögensberater für Mediziner“ statt nur „Online-Vermögensberater für Mediziner“

„DAS Fitnessstudio im Münchner Süden“ statt nur „Fitnessstudio im Münchner Süden“

„DER BauMa-Spezi“ statt nur „BauMa-Spezi“

2

Eine Zielgruppen-Ansprache lässt diese natürlich aufhorchen:

… für Mediziner
… für Musiker

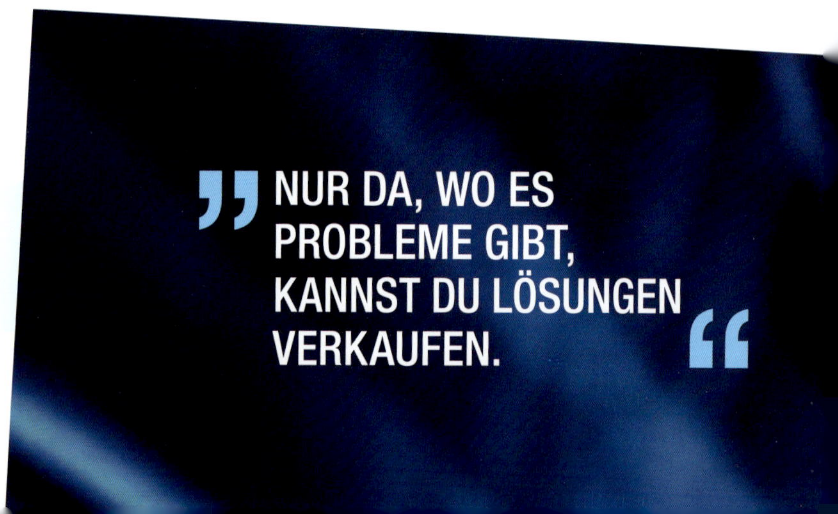

3

Eine typische Wortwahl gefällt der angesprochenen Zielgruppe am besten:

„BauMa“ – Mitarbeiter der Baumaschinen-Branche fühlen sich sofort angesprochen.

„Kundengewinnung“ spricht die an, die Kunden gewinnen wollen.

4

Besonders stark wird es, wenn jetzt noch ein Benefit (das Besondere) der Zielgruppe angesprochen wird:

„Online-Vermögensberater für Mediziner“
Ärzte haben wenig Zeit. Somit löst eine Online-Beratung das Problem dieser Zielgruppe.

„Kundengewinnung für Finanzdienstleister“
Makler und Vermittler haben am liebsten Neukunden, weil sie an diesen am meisten verdienen.

„Beratung ohne Worte“
Gehörlose verstehen keine gesprochenen Worte. Dieser Slogan macht natürlich sofort neugierig.

4 BEISPIELE GUTER BUCHTITEL,

die maßgeblich dazu beigetragen haben, dass die Bücher Bestseller wurden:

1. **„In 7 Jahren zum Millionär"** (Bodo Schäfer)
2. **„Schlank im Schlaf"** (Dr. med. Detlef Pape)
3. **„Die Geheimnisse der Umsatzverdoppler"** (von mir)
4. **„Heiß auf Kaltakquise"** (Tim Taxis)

2 BEISPIELE ERFOLGREICHER ONLINEKURSE

1. **„Die ersten 100 Tage in Deutschland"**
2. **„In 5 Atemzügen schmerzfrei"**

2 BEISPIELE ERFOLGREICHER DIENSTLEISTUNGEN

Auch hier ist bei näherer Betrachtung ein Muster zu erkennen: Gute Produktpositionierungen (ausgedrückt durch die Claims) haben immer ein starkes Leistungsversprechen.

1. **„5 weg oder Geld zurück"**
   Deutschlands größte Schülerhilfe
2. **„Alle 11 Minuten verliebt sich ein Single über Parship"**
   Deutschlands größte Partnervermittlung

Übrigens ist ein starkes Leistungsversprechen wichtiger als die Historie.
Deswegen sagt Deutschlands größte Schülerhilfe:

✓ **„5 weg oder Geld zurück“**

… und nicht:

✕ **„Wir sind Deutschlands größte Schülerhilfe“**

Letzteres ist dem potenziellen Kunden egal. Sein Bedarf ist einzig und allein, dass die schlechten Noten, die die Versetzung gefährden, verschwinden.

Und genau deswegen sagt Parship nicht:

✕ **„Deutschlands größte Partnervermittlung“,**

… sondern:

✓ **„Alle 11 Minuten verliebt sich …“**

Denn dem Single ist egal, wie groß die Agentur ist. Hauptsache, er findet bald seinen Wunschpartner.

✓ **„Wir verdoppeln deine Reichweite oder doppeltes Geld zurück.“**

In diesem Claim wird nicht nur ein Leistungsversprechen gegeben. Er ist zusätzlich ein sehr schönes Beispiel, wie quasi die doppelte Doppelung Aufmerksamkeit erzeugt.

IT'S YOUR TURN

Jetzt kommt die alles entscheidende Frage: Wie bringst du das jetzt rüber?

Überlege, wie deine Message bei deiner Zielgruppe ankommt. Nicht nur überzeugen, sondern begeistern. Nicht nur anbieten, sondern dich, deine Dienstleistung oder dein Produkt zu einem Must-have machen.

Verstärkt wird das Leistungsversprechen, wenn es für den Kunden mit wenig Aufwand zu erreichen ist:

„In 5 Atemzügen" – minimaler Aufwand!

„Abnehmen im Schlaf" – das geht so einfach!

„Alle 11 Minuten" – das geht ganz schön schnell!

HOOKS ZUR VERSTÄRKUNG DER AUFMERKSAMKEIT

Gesteigert werden solche Claims nur noch mit sogenannten Hooks. Also Haken, an denen der Betrachter hängen bleibt. Hier zwei klasse Beispiele:

1

Mein Buch „Die Geheimnisse der Umsatzverdoppler" beinhaltet zum Beispiel eine Hook durch das Wort **Umsatzverdoppler**. Das Wort gibt es eigentlich ja gar nicht. Also wird der Leser stutzig. Andererseits ist sofort klar, was gemeint ist. So bleibt man hängen.

2

Google hat seine Hook sogar schon im Firmennamen. Das doppelte „oo“ zieht optisch die Aufmerksamkeit auf sich. Der Name prägt sich dadurch stark im Gedächtnis ein. So gut, dass das Kunstwort „googeln“ mittlerweile ein völlig normales Wort des täglichen Gebrauchs geworden ist. Selbst der Duden hat es als neu geschaffenes Verb aufgenommen.

Weitere Hooks durch die Schreibweise des Namens findet man bei ehemaligen Start-ups bzw. Einhörnern.

Einhörner sind Start-up-Unternehmen mit einer Bewertung von über einer Milliarde US-Dollar, wie z. B. Yahoo, Swoodoo oder Zalando.

2.3 DER TIPPING POINT

Wer erst eliminiert und dann expandiert, wird zwangsweise einen krassen Wendepunkt in seinem Business erfahren.

In diesem magischen Moment explodiert alles. Dieses Phänomen ist der Game-Changer für jede Marke, jedes Start-up und jeden Influencer. Es verändert einfach alles.

Genannt wird dieser Wendepunkt Tipping Point.
Er ist das beste System, um einen Umbruch rapide einzuleiten.

In diesem Kapitel erkläre ich dir, wie der Tipping Point funktioniert und welche Erfolgsfaktoren du beachten solltest, um sie für dich selbst zu nutzen.

SO FUNKTIONIERT DER TIPPING POINT IM MARKETING

Es ist der Moment, in dem deine Kampagne oder dein Produkt viral geht. Wenn die sprichwörtliche Lawine der Begeisterung losbricht.

Malcolm Gladwell beschreibt diesen Moment in seinem Weltbestseller „Tipping Point" als den Zeitpunkt, zu dem die kritische Masse in einer Online-Community erreicht wird. Er beschreibt ihn wie einen Virus, der eine Epidemie auslöst und sich somit exponentiell ausbreitet.

Der Virus steht hier für Nachrichten, Meinungen oder soziale Verhaltensweisen, die sich massenweise verbreiten. Geeignet sind vor allem Massenmedien (Fernsehen, Blogs, E-Mails, Internetforen, Rundfunk, soziale Netzwerke usw.) und dabei insbesondere die Meinungsführer, die innerhalb ihrer Gruppe als Experten angesehen werden, also Influencer.

3 ERFOLGSFAKTOREN FÜR TIPPING POINTS

1 Das Gesetz der Wenigen

Nicht alle Mitglieder einer Community bzw. Kunden deines Bestandes haben den gleichen Einfluss und die gleiche Reichweite. Vielmehr haben einzelne Personen einen überproportional großen Einfluss, Veränderungen herbeizuführen. Das sind die sogenannten Meinungsmacher, also Beeinflusser, oder besser: Influencer.

2 Stickness

Die Aufmachung einer Website beeinflusst zum Beispiel die Verweildauer – also die Stickness – des Besuchers. Beeinflusst, ob er zu Deutsch „haften bleibt". Die Botschaft einer Werbeanzeige beeinflusst, ob der mögliche Kunde angefixt wird und man mit seinem Produkt oder seiner Dienstleistung im Kundenkopf hängen bleibt.

Kommt dir das Haftenbleiben bereits aus dem vorherigen Kapitel bekannt vor? Nun, es ist quasi der Effekt, den man durch die Hook erzielt.

3 Äußere Bedingungen

Menschen sind in ihrem Handeln sehr stark von den Umgebungsbedingungen der jeweiligen Situation beeinflusst. Sicherlich die Komponente, die man am wenigsten vorhersagen (denken wir nur an die Covid-Pandemie), aber auch im positiven Sinne wahnsinnig stark nutzen kann:

Denn die Verbreitung von Produkten, Trends oder Dienstleistungen lässt sich mit dem Verlauf einer Virusinfektion vergleichen: Jahrelang sind nur ein paar Menschen betroffen, ehe es zu einer Epidemie kommt, die sich binnen kürzester Zeit ausbreitet.

UND WAS BEDEUTET DAS FÜR DICH?

Überlege dir, was dein Business ausmacht. Was ist dein Beat? Und dann bau dir dieses Momentum strategisch auf. Nutze deine Netzwerke, spiele mit dem Timing und mache deine Botschaft unwiderstehlich.

Aber ein Momentum baut man nicht über Nacht auf. Es braucht den richtigen Mix aus Geduld, der richtigen Strategie und der Fähigkeit, im entscheidenden Moment zu eskalieren. Wie ein DJ, der weiß, wann er den nächsten Track droppt, um die Gäste die ganze Nacht am Kochen zu halten.

DAS GIGANTISCHE POTENZIAL DES TIPPING POINTS

Um zu veranschaulichen, wie stark ein Tipping Point dein Business zum Explodieren bringen kann, stellen wir uns das bekannte Schachbrett vor. Auf das erste Feld des Bretts legen wir ein kleines Reiskorn. Auf das zweite Feld zwei, auf das dritte vier, auf das vierte acht … und immer so weiter. Wir verdoppeln also auf jedem Feld die Anzahl der Reiskörner.

Wie viele Reiskörner haben wir denn dann, wenn wir alle 64 Felder entsprechend gefüllt haben? Unser Gefühl würde spontan wahrscheinlich irgendeine Zahl im Tausenderbereich sagen. Das sind schließlich schon extrem viele Reiskörner. Tatsächlich sind es aber:

18446744073709551615 Reiskörner.

Dies Zahl ist so hoch, dass wir sie uns noch einmal in Worten vor Augen führen müssen: 18 Trillionen, 446 Billiarden, 744 Billionen, 73 Milliarden, 709 Millionen, 551 Tausend, 615.

Ich denke, wir sind uns einig: **Das ist der helle Wahnsinn.**

Und genauso kann es sich verhalten, wenn dein Momentum zuschlägt. Zu Beginn haben sich nur vereinzelte Kunden für dich oder dein Produkt interessiert. Und die Zuwachsrate stieg … na ja, sagen wir mal: bescheiden. Aber auf einmal gibt es diesen Tipping Point und die Nachfrage explodiert.

In der Mathematik nennt man das exponentielles Wachstum. Und je höher der Exponent ist, also quasi der Grad der Steigung, desto schneller schießt der Wert nach oben.

SOLD OUT

Ich habe schon viele Karrieren begleiten und fördern dürfen, die genau eine solche Skalierung hinbekommen haben. Und auch ich selbst habe es immer wieder hinbekommen. So war ich, kurz nachdem ich als Verkaufstrainer gestartet hatte, bereits das erste Mal ausgebucht. Ich habe mit mehr als 200 Buchungstagen im Vorlauf einfach keine neuen Anfragen mehr angenommen.

Rückwirkend weiß ich, dass ich es genau mit den hier vorgenannten Techniken geschafft habe. Nur ehrlicherweise war ich mir dessen damals gar nicht bewusst. Erst nach und nach habe ich die dahinterliegenden Marketing-Systeme entschlüsselt.

2.4 WORD-OF-MOUTH

Im Zeitalter der Digitalisierung ist WOM, also Word-of-Mouth, in der Wichtigkeit und Glaubwürdigkeit massiv gestiegen. Wenn zum Beispiel ein zufriedener Kunde zu seinem Bekannten sagt:

„Mach das!" oder **„Das empfehle ich dir!",**

hört man heutzutage mehr darauf als jemals zuvor.

Das bedeutet, je mehr Likes, Links und Followern hinterhergelaufen wird, desto mehr kommt einem das gesamte Potenzial von gutem Empfehlungsmarketing entgegen.

Allerdings ist der Kunde von heute eine Diva. Wenn die Empfehlung nur so lauten kann:

„Ich habe einen Maler mit tollen Farben.",

wird der andere diesen Maler nicht gleich buchen.

Deswegen braucht Word-of-Mouth ein richtig starkes Narrativ. Ein Narrativ ist eine sogenannte Erzählstory. Das, was über dich erzählt wird. Denn Empfehlungsmarketing ist Erzählungsmarketing.

Mein Maler hat genau aus diesem Grund eine Sauberkeitsgarantie. Wenn nach seiner vollbrachten Arbeit noch irgendwo der kleinste Farbklecks ist, muss der Kunde die Rechnung nicht bezahlen. Klasse, oder?

Kein Wunder, dass er sich vor Anfragen nicht mehr retten kann. Es macht halt einen entscheidenden Unterschied, ob ich zu einem Spezl (bayerisch für: Bekannter) nur sagen kann:

„Ich habe einen Maler mit tollen Farben."

oder

„Nimm meinen Maler, der hat eine Sauberkeitsgarantie!"

Starbucks war seinerzeit die erste Coffeeshop-Kette, die kostenloses WLAN angeboten hat. Heute nichts Besonderes, damals aber entscheidend. So konnte man sagen:

„Lass uns zu Starbucks gehen!",

ganz nach dem Motto:

„Da sind wir online!"

Dieses Narrativ hat Starbucks seinerzeit zum Weltmarktführer gemacht.

Und weil dieses Narrativ so extrem wichtig ist, hier ein paar schöne Beispiele aus verschiedenen Branchen:

- Das Sanitätshaus mit der „Rollatoren-Teststrecke“, auf der man seinen Rollator auf verschiedenen Untergründen hinreichend testen kann.
- Der Versicherungsmakler mit dem „ersten rollenden Beratungsbüro“.
- Der Getränkelieferdienst mit dem 120-Minuten-Service. Wenn's länger dauert, geht die Rechnung aufs Haus.
- Das Steakhaus, bei dem Stammgäste ihr eigenes Steakmesser mit eingraviertem Namen bekommen.
- Der Maßschneider, der bei dir zu Hause Maß nimmt und auch den fertigen Anzug nach Hause bringt.
- Der Hochzeitsfotograf mit der Schönwettergarantie. Denn das Brautpaar kann im Falle von Regen und grauen Wolken die Fotos an einem strahlenderen Tag nachschießen lassen.

Ein Narrativ ist also das, was „über dich“ oder „über dein Produkt“ erzählt wird. Da bist du selbst gar nicht dabei. Und das, was erzählt wird, sollte so stark sein, dass derjenige, der es hört, mit dir Kontakt aufnimmt und deinem Angebot eine Chance gibt.

Die besten Kundenkaufreisen (also die Customer Journeys oder Sales Circles) beginnen immer mit einer guten Empfehlung, und somit haben wir den Weg für Kapitel 3 geebnet.

DAS BOOTCAMP

3 intensive Coaching-Tage mit Roger Rankel

Die 7 Essentials für deine Sichtbarkeit, Positionierung, Kundengewinnung und Gewinnmaximierung.

Im Bootcamp lernst du die Kunst,

- … Kunden positiv zu beeinflussen,
- … der Beste deiner Nische zu werden,
- … des psychologischen Beeinflussens,
- … permanent Kunden zu gewinnen,
- … in deiner Zielgruppe sichtbar zu sein,
- … online zusätzlich Geld zu verdienen,
- … die Reichweite eines Influencers aufzubauen,

und ich verrate dir, wie

- … du ChatGPT optimal nutzen kannst,
- … du die Tricks der Umsatzstärksten nutzt,
- … Social Media wirklich funktioniert.

„Umsatz kommt nicht durch Zufall“,
... sondern durch die Abfolge richtiger Maßnahmen! Welche das für dein Business sind, lernst du im Bootcamp. Garantiert.

ALLE INFOS ZUM AKTUELLEN BOOTCAMP FINDEST DU HIER:

SCAN ME

BEST PRACTICE CHRISTOPH VON PREYSING

Der Fischer vom Tegernsee

Was auf den ersten Blick wie eine einfache Bretterbude am idyllischen Tegernsee erscheint, hat sich zum wohl umsatzstärksten Champagner-Hotspot des Landes entwickelt.

Es ist die einzigartige Mischung aus Luxus, Exzentrik und Authentizität, die Christoph zu einer echten Ikone gemacht hat.

DIE 3 MARKETING-MEISTERZÜGE

1 Die Kunst der Verknappung

Die begrenzte Anzahl an Plätzen in seiner charmanten Bretterbude schafft eine Atmosphäre der Exklusivität, die kaum zu überbieten ist. Wer hier einen Platz ergattert, der weiß, dass er Teil eines elitären Kreises ist.

Diese bewusste Limitierung von Angebot und Zugang ist eine Marketingstrategie, die seit jeher funktioniert: Menschen wollen das, was schwer zu bekommen ist.

2 Luxus und Inszenierung

Christophs Angebot ist weit mehr als nur Champagner – es ist das Versprechen eines Lebensstils. Er hat verstanden, dass Luxus im Detail liegt – ob es nun ein exklusives Picknick mit Hummer und Champagner auf einem abgelegenen Bergplateau in den Schweizer Alpen ist oder die Anreise mit dem Hubschrauber.

Diese Erlebnisse sind sorgfältig inszeniert und bieten den Gästen etwas, das über das Gewöhnliche hinausgeht. Sie bekommen eine Geschichte, die sie weitererzählen können – und das ist unbezahlbare PR.

3 Authentizität trifft Exzentrik

Christoph ist exzentrisch, lustvoll und immer für eine Überraschung gut. Diese Authentizität ist es, die seine Marke ausmacht. Während andere versuchen, Luxus mit Perfektion zu verbinden, zeigt Christoph, dass Luxus auch unkonventionell und bodenständig sein kann.

Er selbst ist die Marke – und das macht ihn und sein Geschäft so unverwechselbar. Die Gäste kommen nicht nur wegen des Champagners, sie kommen wegen Christoph von Preysing, dem „Fischer vom Tegernsee“.

03

DIE KUNST,
LAUFEND NEUE KUNDEN ZU GEWINNEN

3 DIE KUNST, LAUFEND NEUE KUNDEN ZU GEWINNEN

Klar ist: Das Internet, die Digitalisierung, Social Media und Bewertungsplattformen haben unser aller Kaufverhalten dramatisch geändert. Kunden schlauen sich heute eigenständig auf, sind gut vernetzt und eigeninitiativ.

Man muss die herkömmliche Kaufreise des Kunden (Customer Journey) komplett neu denken. Aus diesem Grund habe ich sie zusammen mit externen Marketern, allen voran Prof. Michael Zacharias, und meinem internen Team vollständig analysiert und aktualisiert.

Wir haben die neuen digitalen Möglichkeiten wirkungsvoll mit den analogen Methoden kombiniert.

Außerdem haben wir den Blickwinkel um 180 Grad gedreht – und zwar von Kundensicht hin zur Vertriebssicht. Dieser Perspektivenwechsel bringt für dich als Leser den entscheidenden Vorteil: Es wird schnell klar, was du beachten musst, um erfolgreich permanent neue Kunden zu gewinnen.

Und klar ist auch: **Go digital or go home**.

DER NEUE SALES CIRCLE

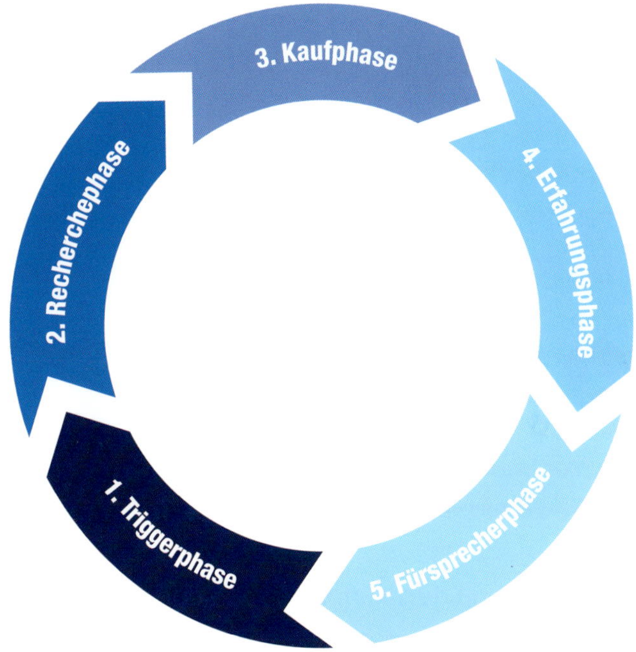

Im Folgenden werden wir entlang dieser Customer Journey die verschiedenen „Berührungspunkte", die der Kunde hat – oder besser gesagt: erleben wird –, durchleuchten. Diese Punkte nennt man Touchpoints.

Um dir einen Überblick zu verschaffen und damit klar wird, wo der Kunde sich auf seiner Reise befindet, habe ich sie in fünf Phasen unterteilt:

1 Triggerphase

In dieser ersten Phase kommt der potenzielle Kunde das erste Mal mit deinem Produkt oder deiner Dienstleistung in Berührung. „Das erste Mal" ist hierbei relativ zu verstehen. Es kann durchaus sein, dass er wirklich das allererste Mal von deinem Angebot erfährt. Es kann aber auch sein, dass er es oder vergleichbare Angebote schon kennt, aber erst jetzt von dir wachgerüttelt wird oder anderweitig einen Impuls bekommt.

2 Recherchephase

Also, der Kunde ist angetriggert. In der zweiten Phase möchte der Kunde demnach mehr über dich und dein Angebot erfahren. Er wird selbst aktiv und fängt an zu recherchieren:

- Was ist das (für ein Angebot)?
- Was bringt es mir?

3 Kaufphase

In dieser Phase geht es um den finalen Abschluss. Um den Kauf und um mögliche Upsells. Die oberste Regel dabei ist: „Verkauf nicht nur Fakten, sondern Nutzen."

4 Erfahrungsphase

Ab hier, muss man leider sagen, kümmern sich nur noch die wirklich Erfolgreichen um die Kunden. Dabei beginnt hier der vielleicht wichtigste Teil:

Nun musst du den Kunden überzeugen, dass er mit dem Kaufabschluss alles richtig gemacht hat. Nur so hast du die Chance, dass dein Neukunde ein Stammkunde und Fürsprecher wird.

5 Fürsprecherphase

In der letzten Phase der Customer Journey entscheidet sich, ob du in den vier Phasen zuvor alles richtig gemacht hast. Wenn dein Kunde mit dir und deinem Produkt oder deiner Dienstleistung absolut zufrieden ist, wird er dich weiterempfehlen.

Er wird quasi zu einer neuen Art Trigger für einen weiteren potenziellen Neukunden, womit neue Kaufreisen beginnen.

Aus diesem Grund stellst du dir die Kundenkaufreise am besten als Kreis vor. Denn gut umgesetzt, wird sie zu einem echten Kreislauf.

3.1 TRIGGERPHASE

In dieser ersten Phase wird der potenzielle Kunde also auf dich und dein Produkt oder deine Dienstleistung aufmerksam. Hierbei ist es extrem wichtig, dass wir uns zuerst einmal bewusst machen, wie dieser Moment ablaufen kann. Du wirst staunen, wie unterschiedlich Menschen auf Brands stoßen.

Kundenkaufreisen beginnen verschieden und entstehen beispielsweise durch:

1. einen Zufall
2. einen Einfall
3. ein Ereignis
4. PR/Content-Marketing
5. Social Media
6. Online-Marketing
7. Empfehlungsmarketing

Die ersten drei Punkte hast du eher nicht unter Kontrolle, kannst sie also auch nicht richtig beeinflussen. Wenn wir sie uns etwas genauer anschauen, wird deutlich, warum.

1 ZUFALL

Ein Zufall ist es zum Beispiel, wenn du durch die Fußgängerzone spazierst und auf einmal ein bestimmtes Paar Schuhe bemerkst, das du vor drei Minuten schon an den Füßen eines anderen Passanten gesehen hast.

Wenn es diesen Zufall nicht gegeben hätte, wäre dir dieses Modell wahrscheinlich nie aufgefallen.

2 EINFALL

Oder nehmen wir den Einfall: Wenn du kurz vor dem Antritt deines Sommerurlaubs stehst und dir beim Kofferpacken einfällt, dass du noch unbedingt Sonnencreme besorgen musst. Auch solch einen Einfall kann man aus Marketing-Sicht nicht wirklich kreieren.

3 EREIGNIS

Als Letztes wird uns klar, dass wir auch Ereignisse so gut wie nie planen können, wenn wir uns folgendes Beispiel verdeutlichen: Über Nacht zieht ein donnerndes Gewitter auf und verwüstet ganze Landstriche und leider auch Städte oder Dörfer. Es ist zwar sehr wahrscheinlich, dass sich nach solch einem Ereignis viele Menschen auf einmal für eine entsprechende Versicherung interessieren – aber hat die Versicherung irgendeinen Einfluss auf das Wetter selbst? Natürlich nicht.

Wir halten also fest, dass wir die ersten drei Punkte mit unserem Marketing nicht hervorrufen können. Was wir aber machen können, ist, dafür zu sorgen, dass wir mit unserer Brand präsent sind, wenn der potenzielle Kunde in die zweite Phase der Recherche eintritt. Aber dazu mehr im nächsten Kapitel.

Zuvor wollen wir uns noch die weiteren vier Punkte genauer anschauen. Bei ihnen verhält es sich nämlich ganz anders. Sie können wir mit unserem Marketing sehr wohl beeinflussen.

4 PR/CONTENT-MARKETING

Einer der stärksten Trigger ist es, wenn man in den Medien auf etwas aufmerksam wird. Und genau das kannst du für dein Business nutzen: Finde in den Medien statt und mache deswegen PR-Arbeit, also Öffentlichkeitsarbeit.

Schreibe zu deinem Thema unterschiedliche Beiträge und stelle sie Redaktionen unterschiedlicher Magazine (online wie offline) zur Verfügung.

Dies ist für dich vielleicht ein ungewöhnlicher Weg, aber ein sehr guter. Weil man so recht schnell in der Presse stattfindet. Schneller, als man denkt.

In meinem Bootcamp spreche ich auch immer darüber. Ein Teilnehmer setzte es sofort um und war schon zwei Wochen später mit einem tollen Artikel in der BILD-Zeitung – Deutschlands auflagenstärkstem Blatt – gelandet.

„Die 7 Irrtümer von Lebensversicherungen“ lasen Millionen von Lesern, welche er damit triggerte und auf sich aufmerksam machte.

Und weil dieser Punkt so wichtig und zugleich so leicht umzusetzen ist, werde ich auf ihn später noch etwas näher eingehen.

5 SOCIAL MEDIA

Solche Beiträge kannst du natürlich auch „zweitverwerten“ und auf deinen Social-Media-Accounts posten. Je interessanter deine Beiträge sind, desto mehr User werden sie liken, speichern und mit anderen teilen.

Kurzum, desto mehr wirst du deine Reichweite erhöhen und immer mehr Leute antriggern, also auf dich und dein Offer aufmerksam machen.

Das nennt man übrigens „organische Reichweite“. Organisch, also aus eigenen Kräften.

Manchmal geht es übrigens auch andersherum: Weil du etwas Interessantes, Spannendes oder Besonderes postest, werden Medien auf dich aufmerksam und berichten dann darüber. Auch nicht schlecht.

In jedem Fall solltest du dir angewöhnen, deine Expertise bzw. dein Thema aktiver zu kommunizieren und in die Sichtbarkeit zu bringen. Das, was früher das klassische Schaufenster war, sind heute vor allem die digitalen Schaufenster:

deine Website und Social-Media-Kanäle.

Auf jeden Fall solltest du für etwas stehen, etwas Besonderes liefern und starke Beiträge posten. Und bitte nicht nur – aus Verlegenheit – dein Mittagessen präsentieren.

Und nutze zudem auf Social Media die Kommentarfunktion. Beende deine Beiträge (Postings) also mit einer Frage, sodass deine Follower sich animiert fühlen, zu antworten, zu agieren.

Der Algorithmus liebt dieses Agieren – besser gesagt, das Engagement auf deinen Accounts. Und deshalb wird er dich in den Feeds von viel mehr Leuten anzeigen. Somit werden mehr Leute angetriggert. For free!

6 ONLINE-MARKETING

Zusätzlich zum kostenlosen Posten kannst du User triggern, indem du Ads schaltest. Also Werbung schalten. Dafür bezahlen, dass andere dein Offer/Angebot sehen. Vor allem Social-Media-Ads bieten sich sehr gut an, wenn du User auf dein Produkt oder deine Dienstleistung aufmerksam machen möchtest, ohne dass sie vorab danach gesucht haben.

Wenn du deine Ads-Kampagne richtig eingestellt hast, versteht die KI von Meta & Co., was du bewerben möchtest. Indem sie Tausende von User-Daten abgleichen, wissen diese Plattformen auch, für wen dein Angebot interessant sein könnte.

Ungefragt bekommen die ausgewählten User nun deine Brand angezeigt. Und genau darin liegt die Trigger-Kraft. Diese Menschen wären nie auf dich oder dein Angebot gekommen, wenn sie deine Ads nicht „aus heiterem Himmel" angezeigt bekommt hätten.

Online-Marketing ist heute unverzichtbar. Plattformen wie Facebook, Instagram und YouTube machen deine Online-Präsenz aus und können deinen Erfolg entscheidend prägen. Denn online kannst du deine Zielgruppe schneller erreichen als jemals zuvor. Jeder Deutsche surft täglich im Netz. Im Kapitel 5 erfährst du genauer, wie das geht.

Wie geht Online-Marketing wirklich? Wie kann ich es mit Empfehlungsmarketing perfekt kombinieren? Wie bekomme ich Anfragen mit wenig Budget bzw. Kunden mit wenig Aufwand?

All das und vieles mehr besprechen wir im Bootcamp:
einem **3-Tage-Intensivseminar** in den Bergen – im schönen Kitzbühel.
Die Teilnehmeranzahl ist begrenzt und der Content vom Feinsten.

Hier erfährst du mehr:

SCAN ME

7 EMPFEHLUNGSMARKETING

Word-of-Mouth ist wahrscheinlich der älteste aller Marketing-Trigger. Umso erstaunlicher, wie gut er auch heute noch funktioniert. Stell dir vor, du bist auf einer Party und ein Freund erzählt von seinem neuen mobilen Hausarzt.

Sidekick Viktoria

Online-Marketing ist heute der absolute Game-Changer. Mit Facebook, Instagram, YouTube und Blogs sowie Online-Anzeigen baust du die Internetpräsenz auf, die deinen Erfolg auf das nächste Level katapultieren kann. Online erreichst du deine Zielgruppe blitzschnell und präzise. Fast jeder Deutsche ist täglich im Netz unterwegs, sogar die Ü60-Generation rockt das Internet. Das ist deine Chance, denn hier tummeln sich auch deine zukünftigen Kunden.

Online-Marketing ist wie Magie in Echtzeit. Hast du deine Zielgruppe erst einmal im Visier, kannst du sie sofort erreichen. Das Netz kitzelt unsere innersten Instinkte: Wir sind ständig auf der Jagd nach Infos und lieben es, unsere Funde zu teilen. Social Media nutzt das und verbindet uns blitzschnell. Dein Business wird zur viralen Sensation!

Du selbst bist seit Jahren von den langen Wartezeiten bei deinem Hausarzt genervt. Und nun kommt dein Freund und hat die Lösung für dein Problem: ein mobiler Hausarzt, der grundsätzlich nur zu seinen Patienten nach Hause kommt.

Du kannst entspannt in deinen eigenen vier Wänden warten, bis er bei dir klingelt. Und die weitere Ansteckungsgefahr durch andere Patienten im Wartezimmer gibt es auch nicht.

Und auf einmal bist du total angetan, eben getriggert, und wirst diesen Arzt womöglich gleich mal googeln oder zumindest vormerken.

Bei jedem der hier beschriebenen Trigger (Einfall, Zufall, Ereignis, PR, Social Media, Online- und Empfehlungsmarketing) wurden vom potenziellen Kunden sogenannte Touchpoints berührt.

Diese Touchpoints lassen sich wie folgt gruppieren:

- **Shared Touchpoints**
  (Kunden berühren mit dem Teilen von guten
  Erfahrungen andere Kunden = Empfehlungsmarketing.)

- **Paid Touchpoints**
  (Bezahlte Werbung: Händler bezahlen für Werbung, also dafür,
  dass potenzielle Kunden ihr Angebot „ausgespielt" bekommen.)

- **Managed Touchpoints**
  (Externe Plattformen: Man nutzt Plattformen wie YouTube, Regalflächen im Handel, externe Callcenter oder hat einen Stand auf der Fachmesse, um so auf sich aufmerksam zu machen.)

- **Owned Touchpoints**
  (Interne Plattformen: Man nutzt die eigene Website, das eigene Kundenmagazin, das eigene Ladengeschäft, den eigenen Blog, die eigene Unternehmens-App, das eigene Event.)

- **Earned Touchpoints**
  (Auszeichnungen: Man bekommt für seine gute Arbeit bzw. seine guten Produkte tolle Bewertungen, Presseberichte, Auszeichnungen und wird womöglich Testsieger.)

Insbesondere die letzte Kategorie ist für die nächste Phase, die Recherchephase, unfassbar wichtig.

3.2 RECHERCHEPHASE

Die ersten Millisekunden entscheiden darüber, ob der Kunde, der auf dich aufmerksam wurde, nun checkt, was du machst, wer du bist oder was du (im Angebot) hast. Deswegen musst du es schaffen, in dieser unglaublich kurzen Zeitspanne zu überzeugen.

„Überzeugen" ist dabei das Stichwort. Gehe über Zeugen. Lass andere über dich und dein Angebot sprechen. Lass andere deine Ware zeigen:

- George Clooney trinkt genüsslich seinen Nespresso und sagt: „What else?"
- Das Topmodel trägt das neue Designer-Dirndl und meint: „Damit gehe ich heuer auf die Wiesn."
- Die Influencerin entdeckt das neue Porridge und schwärmt von der Bekömmlichkeit.
- Die Familie steht vor ihren eigenen vier Wänden und strahlt, weil die Finanzierung so gut geklappt hat.
- Die Stiftung Warentest „bescheinigt" dem neuen Implantat die Marktführerschaft.
- Die Architektenkammer zeichnet das neue CO_2-neutrale Bauvorhaben aus.
- Leser geben zig 5-Sterne-Bewertungen für das neue Werk ihrer Lieblingsautorin.
- Patienten überschlagen sich mit Rezensionen zu dem neuen Onlinekurs von dem jungen Rücken-Physio.
- Rennfahrer-Legende Walter Röhrl fährt im neuen Turbo S Bestzeit auf dem Nürburgring und stellt damit Porsche und den verantwortlichen Ingenieuren ein Zeugnis bester Arbeit aus.
- Der Meta-Konzern (Facebook, Instagram) zeichnet erfolgreiche Social-Media-Manager aus und ist damit Zeuge ihrer exzellenten Arbeit.

All das ist für den ersten Eindruck natürlich wichtig und überzeugend im wahrsten Sinne des Wortes. „Wenn andere das gut finden, dann muss das auch wirklich gut sein" … ist das Phänomen der Weisheit der Vielen. Weil „viele" meist mehr wissen.

Eine große Gruppe von Menschen hat statistisch gesehen tatsächlich öfter recht. Man nennt das auch kollektive Intelligenz. Und das ist auch der Grund, warum der Publikumsjoker bei „Wer wird Millionär" meist recht hat.

Nutze also dieses Phänomen für dein Business und lass andere für dich sprechen.

Wenn der Kunde auf dich aufmerksam wurde, will er mehr wissen, und insgeheim stellt er sich zwei Fragen:

1. Was ist das (für ein Angebot)?
2. Was bringt es mir?

1 WAS IST DAS?

… bedingt, dass du dein Angebot klar und verständlich präsentierst.

Deine Wort-Bild-Sprache muss sitzen.

Du hast nur für einen kurzen Augenblick die Aufmerksamkeit deines Kunden.

2 WAS BRINGT ES MIR?

Dein USP (Alleinstellungsmerkmal), das nie Dagewesene, eben das Besondere, sollte gleich und ebenfalls unmissverständlich präsentiert werden.

- Beim Maßschneider, bei dem es zu jedem Maßanzug ein Maßhemd zum halben Preis gibt.
- Bei dem Arzt die Besonderheit, dass er zu dir nach Hause kommt.
- Beim Maler, dass er eine Sauberkeitsgarantie hat.
- Beim Sanitätsfachhandel, dass es dort die erste Rollatoren-Teststrecke gibt.
- Beim Vermögensberater, dass er die Beratungen online anbietet.
- Beim Lieferdienst, dass es eine 120-Minuten-Zustellgarantie gibt.
- Beim Versicherungsmakler, dass er auch in Gebärdensprache beraten kann.
- Beim Videografen, dass es die ersten beiden Reels for free gibt.
- Bei der Hotelbuchung, wo es am Sonntag automatisch einen kostenlosen Late-Check-out für die Gäste gibt.

Sidekick Viktoria

Style-Beratung

Ein E-Commerce-Shop für Fashion bietet seinen Kunden einen personalisierten Style-Beratungsservice an. Nach dem Kauf erhält jeder Kunde eine E-Mail mit einem Link zu einem kurzen Fragebogen zu seinen Stilvorlieben. Basierend auf den Antworten erhält der User eine personalisierte Style-Empfehlung und Outfits, die perfekt zu seinem individuellen Geschmack passen. Dieser maßgeschneiderte Service sorgt für eine höhere Kundenzufriedenheit und fördert die Loyalität.

Wenn du für dich etwas Geeignetes herausarbeiten willst, kannst du dich am besten an dem sogenannten Kano-Modell orientieren:

Der Schlüssel zum Erfolg liegt im sogenannten **Kano-Modell**, das drei Arten von Kundenanforderungen beschreibt:

- **Basisanforderungen** sind grundlegend und verhindern Unzufriedenheit.
- **Leistungsanforderungen** werden vom Kunden erwartet und ihre Erfüllung führt zu Zufriedenheit.
- **Begeisterungsanforderungen** werden vom Kunden nicht erwartet und lösen Begeisterung aus.

Und auch mit dem Kunden in die Kommunikation zu gehen, bringt direkt Anfragen:

- **Hotlines**
  Sie erleichtern den Erstkontakt und sollten prominent auf deiner Website angezeigt werden. Idealerweise ist die Nummer kostenlos und die Verfügbarkeit klar kommuniziert.

- **FAQ**
  FAQ auf deiner Website helfen Usern, Antworten auf häufige Fragen schnell zu finden, und fördern die Selbstständigkeit der Kunden.

- **Live-Chats**
  Sie sind der direkte Draht zu deinem Support-Team. Keine Wartezeiten, nur schnelle Antworten. Ein cooler Chat-Agent kann den Unterschied machen und zeigt deinen Kunden, dass sie zählen.

REZIPROZITÄT

Natürlich interessiert deinen Kunden, was dein Produkt oder deine Dienstleistung kostet. Aber der Preis ist nicht immer alles. Nutze hier die Reziprozität, um dir einen entscheidenden Vorteil zu verschaffen.

Aber was ist diese Reziprozität?
Wenn wir etwas verschenken, geht unser Gegenüber oft davon aus, uns irgendwann ebenfalls eine Gefälligkeit zu erweisen. Das Prinzip ist im Verkauf sehr effektiv.

So kannst du das Reziprozitätsprinzip für dich nutzen:

- Geschenke
- Exklusive Serviceangebote
- Rabatte
- Kostenlose Analysen
- Kostenloses Probieren

So wird der Akt des Gebens zu einer langfristigen Investition in die Kundenbeziehung und -loyalität.

3.3 KAUFPHASE

Im Grunde gibt es vier Hauptwege für den Kunden:

- Er kauft im Laden, also im stationäre Handel.
- Er kauft online, also im Online-Shop.
- Er schließt in einer Online-Beratung ab.
- Er schließt in einem persönlichen Gespräch ab.

Und in allen vier Fällen gilt:

Tell to sell

Kunden lieben Metaphern, Sales-Stories, tolle Anekdoten: Apple erzählt Geschichten über Kreativität und Innovation. Nike verknüpft Produkte mit Geschichten von Durchhaltevermögen und Erfolg. Vermittler erzählen Best-Practice-Beispiele von anderen Kunden. In einigen Restaurants wird in der Speisekarte sogar die Familienchronik erzählt.

Kunden wollen sich nichts sagen lassen. Aber etwas Spannendes hören wollen sie schon.

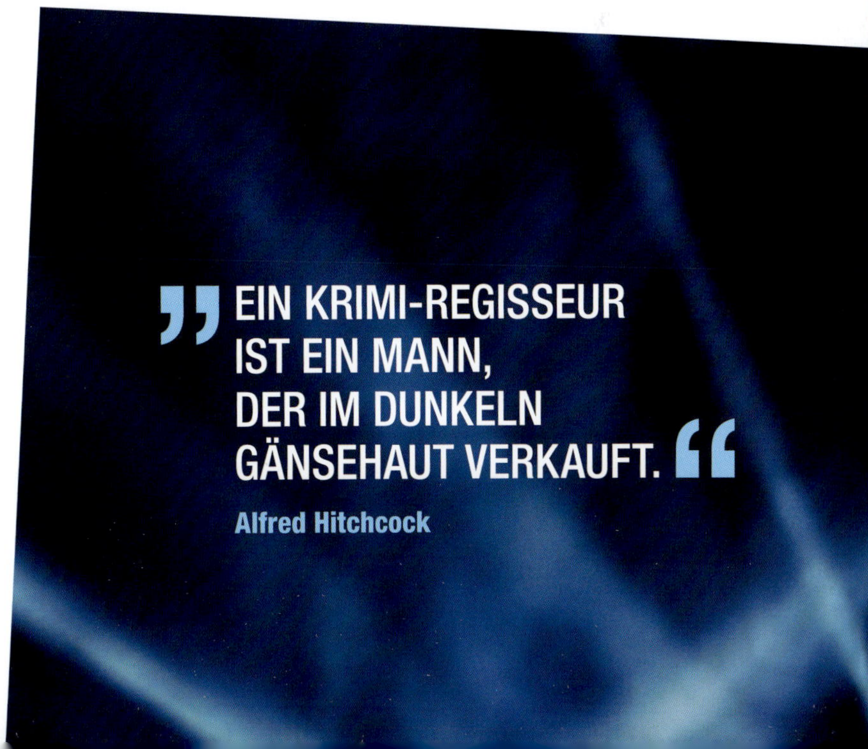

Sidekick Viktoria

Pop-up-Store

Dein Lieblingsdesigner eröffnet einen Pop-up-Store in deiner Stadt für nur eine Woche. Die exklusive Kollektion gibt es nur dort zu kaufen. Die begrenzte Zeit und Verfügbarkeit machen den Store zum Hotspot, den du auf keinen Fall verpassen willst.

Sex sells

Ist moralisch vielleicht etwas bedenklich, aber die Wahrheit: Hübschere Beraterinnen verkaufen mehr. Ansprechende Models, die die Ware präsentieren, auch (Calvin Klein).

Parfüms, die als Verführungsmittel vermarktet werden, werden häufiger gekauft. Sogar Versicherungsprodukte werden mittlerweile viel mehr in Szene gesetzt, und nicht nur bei der Auslandskrankenversicherung wird viel Haut gezeigt.

Die wohl bekannteste Kampagne diesbezüglich ist die von SIXT, in der das neue Porsche Cabrio mit den Worten „oben ohne“ beworben wird. Natürlich wird dieses Auto von einer hübschen Frau gefahren.

Das Auge isst mit

Denken wir dabei beispielsweise an Nespresso-Boutiquen. Ikea zeigt die Möbel in einer gesamten Wohnsituation. Die Deutsche Bank hat Premium-Lounges für ihre Topkunden. Erfolgreiche Architekten präsentieren in 3D-Erlebnisräumen. Alpenherz hat eine eigene Hochzeits-Lounge. Luxusmakler von Poll nutzen aufwendige Videotouren durch das Objekt. Der Versicherungsmakler hat zumindest in der Online-Beratung einen ansprechenden Hintergrund und ist gut ausgeleuchtet.

Gänsehautpräsentation

„Ein Krimi-Regisseur ist ein Mann, der im Dunkeln Gänsehaut verkauft“, sagte einmal Alfred Hitchcock. Real, digital, ganz egal: Du darfst alles, aber den Kunden nicht langweilen.

Schaffe deswegen einen guten Spannungsbogen. Habe in deiner Präsentationen Wendungen. Zeige das Unerwartete. Lass die Spannung anschwellen, auch verbal. Menschen kaufen Emotionen.

„Soll dein Angebot etwas gelten, mach es selten.“

Mon Chéri macht eine Sommerpause (obwohl das gar nicht nötig wäre). Luxusuhren haben lange Lieferzeiten (obwohl man ja einfach nur die Produktion hochfahren könnte). Im berühmten P1 bekommt man nach wie vor nicht so leicht einen Tisch.

Und auch du solltest dich nicht „hergeben“. Solltest dein Offer intelligent verknappen, begrenzen, reduzieren, eingrenzen.

- Nur noch 7 Sitzplätze
- Bis zum Wochenende
- Nur hier
- Stammkundenrabatt
- Januar-Aktion
- Happy Hour
- Begrenzte Plätze
- Limitiertes Angebot

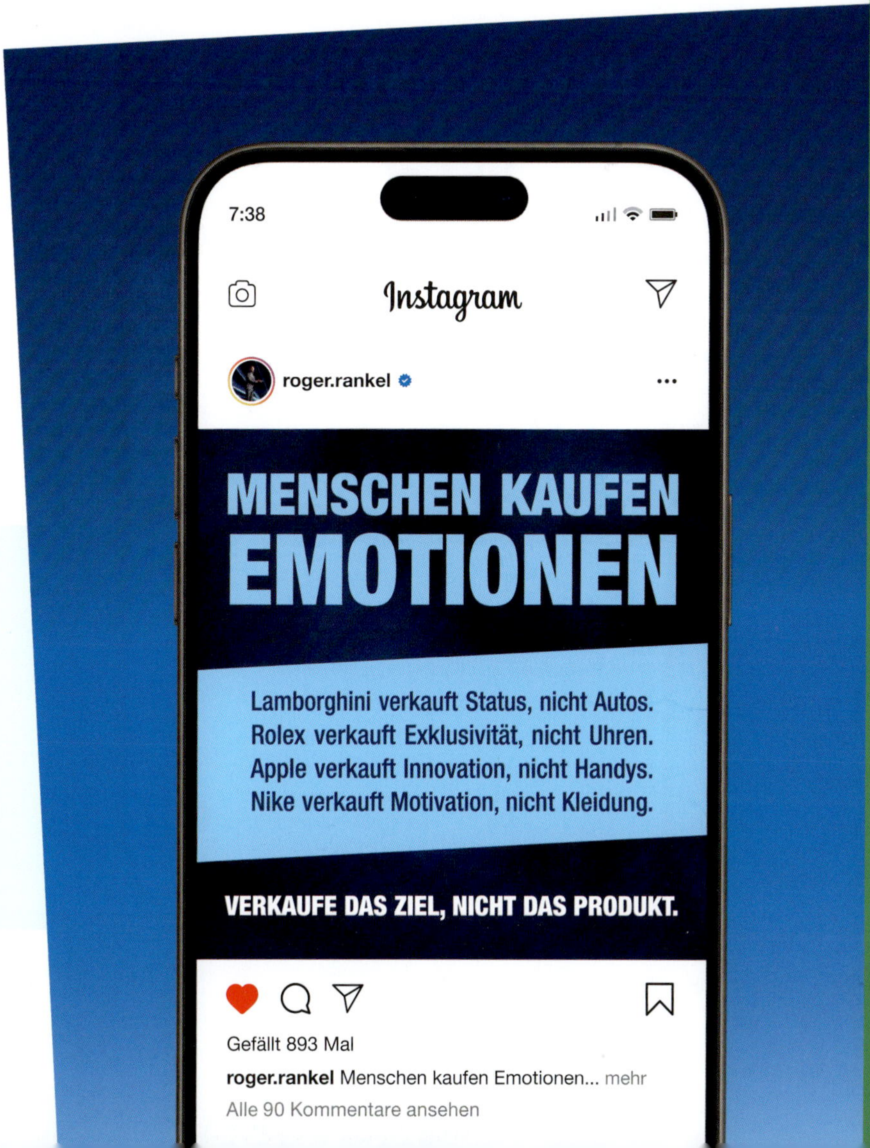

BUNDLE

Erstelle attraktive Paketangebote

In einem Café bekommt der Gast zum Cappuccino ein leckeres Tiramisu dazu. Dieses Bundle sorgt dafür, dass der Kunde sich mehr gönnt und gleichzeitig das Gefühl hat, ein gutes Geschäft gemacht zu haben.

FLATRATE

Biete eine Flatrate an

Ein Fitnessstudio bietet eine All-Inclusive-Flatrate an, bei der neben dem Training auch Wellnessangebote wie Sauna und Massagen enthalten sind. Dies steigert den Wert des Abonnements erheblich.

GIMMICK

Verleihe deinem Angebot ein Extra

McDonald's fügt zum Happy Meal die begehrten Coca-Cola-Gläser hinzu oder Hanuta packt Fußball-Star-Sticker bei. Solche Gimmicks steigern den wahrgenommenen Wert des Produkts und sprechen insbesondere jüngere Zielgruppen an.

FOR FREE

Biete etwas kostenlos dazu

„Kaufe zwei, erhalte drei" – oder eine Rechtsschutzversicherung bietet eine kostenlose Online-Rechtsberatung an. Kostenlose Extras erhöhen den Anreiz zum Kauf und verbessern die Kundenzufriedenheit.

GARANTIE

Gib eine starke Garantie

Eine lebenslange Garantie auf Produkte oder eine Sauberkeitsgarantie in Hotels. Kunden schätzen die Sicherheit und das Vertrauen, das durch eine umfassende Garantie vermittelt wird.

VEREDELN

Wertigkeit durch besondere Details erhöhen

Ein Modegeschäft bietet eine limitierte Kollektion an, die in Zusammenarbeit mit einem bekannten Designer entworfen wurde. Diese Exklusivität zieht modebewusste Kunden an, die auf der Suche nach besonderen Stücken sind.

STATUS

Schaffe ein Statussymbol

Ein Pizzalieferdienst verspricht die Lieferung innerhalb von 30 Minuten – andernfalls ist die Pizza kostenlos. Diese Art von Versprechen gibt den Kunden das Gefühl, etwas Besonderes zu erhalten und erhöht gleichzeitig den Druck auf den Anbieter, exzellenten Service zu bieten.

BENEFITS

Biete besondere Vorteile

Ein Hochzeitsfotograf verspricht eine Schönwettergarantie – sollte es an der Hochzeit regnen, darf das Brautpaar an einem schöneren Tag kostenlos neue Fotos machen lassen. Solche Vorteile bieten zusätzlichen Nutzen und erhöhen die Attraktivität des Angebots.

BATTLE

Kreiere Wettbewerb und Exklusivität

Eine Online-Gaming-Plattform bietet monatliche Turniere an, bei denen Spieler exklusive In-Game-Belohnungen gewinnen können. Dies schafft eine engagierte Community und fördert die regelmäßige Nutzung der Plattform.

Und zu guter Letzt: Kunden lieben Benefits. Egal, ob Garantien, Draufgaben, Bundles, Give-aways, Rabatte oder sonstige Goodies. Kunden lieben es einfach, weil es Dopamin freisetzt, das sogenannte Vorfreude-Hormon.

„Kunden kaufen nicht, was sie haben wollen, sondern was sie sein möchten.“

Bei all dem, was es zu beachten gilt, ist natürlich das Ziel, dass der Kunde kauft. Dass er abschließt. Dafür machen wir den Wahnsinn, darum geht's! Mach dir das immer bewusst.

Denn der Auftrag, der heute zum Greifen nah ist, ist morgen über alle Berge.

3.4 ERFAHRUNGSPHASE

Wir sind schon fast am Ende des Sales Circles angelangt, in der entscheidenden Erfahrungsphase nach dem Kauf. Sehr viele Selbstständige oder auch Unternehmen sind der Meinung, dass ihr Job nach dem Kaufabschluss erledigt sei. Dem muss ich als Experte stark widersprechen.

Denn durch diese 4 Punkte entscheidet sich, ob Kunden zu treuen Wiederkäufern werden:

1. **Professionelle Abwicklung**
2. **Fehlerfreie Durchführung**
3. **Positive Rückmeldungen**
4. **Bindung der Beziehung**

Ich zeige dir, wie du deine Kunden direkt nach dem Kauf für dich gewinnen kannst und zu langfristigen und überzeugten Fans machst.

1 PROFESSIONELLE NACHSORGE

Sieh den Verkauf als fortlaufenden Prozess, bei dem es darum geht, den Kunden auch nach dem Kaufabschluss zu binden, damit er gerne bei dir bleibt und sogar zum Befürworter deiner Brand wird.

Es ist entscheidend, dass du deine Kunden nicht nur zufriedenstellst, sondern begeisterst. Nur so kommen sie gerne wieder und teilen ihre positiven Erfahrungen.

Zum Beispiel könnte die Kassiererin eines Supermarktes die Kunden fragen, ob sie alles gut gefunden haben, was ein Gefühl der Fürsorge vermittelt und sie gerne wiederkommen lässt.

In den USA gibt es zum Beispiel an Kassen oft eine Person, die die Einkäufe einpackt. Dieses Niveau an Service ist auch hier denkbar und kann das Kundenerlebnis stark verbessern.

Oder wie wäre es, wenn du deinen Kunden nach dem Abschluss etwas Persönliches schenkst, wie frische Brötchen nach einem Handwerkerbesuch? Oder male eine Sonne auf die Rechnung, um eine positive Stimmung zu fördern.

2 FEHLERFREIE ABWICKLUNG

Es ist wichtig, Fehler zu vermeiden und Klarheit zu schaffen. Einfache Prozesse helfen Kunden, Aktionen fehlerfrei durchzuführen.

So kannst du zum Beispiel nach dem Abschluss einer Online-Bestellung dem User umgehend den Hinweis geben, dass alles mit seiner Bestellung geklappt hat. Die Bestellung ist jetzt in der Verarbeitung und die Ware wird direkt morgen in den Versand gegeben.

Anschließend kannst du deinen Kunden per E-Mail über den Status seiner Bestellung informieren. So hat er stets Sicherheit, dass alles gut läuft, und freut sich umso mehr auf seine Ware.

Nutze kreative Methoden und persönliche Gesten, um positive Kundenerlebnisse zu schaffen und die Kunden zu treuen Wiederkäufern zu machen.

Übrigens: Diverse Umfragen haben gezeigt, dass Kunden durchaus bereit sind, etwas mehr Geld zu investieren, wenn sie dafür einen reibungslosen Ablauf und guten Service bekommen.

3 POSITIVE RÜCKMELDUNGEN

Gib deinem Kunden positive Rückmeldung:

- **Herzlichen Glückwunsch**
- **Congrats**
- **Gut gemacht**
- **Du bist der Beste**
- **Bald geschafft**
- **Bald ist es so weit**
- **Coming soon**

Positive Rückmeldungen sind kraftvoll, motivierend und stärken die Kundenbindung.

Rückmeldungen funktionieren übrigens in beide Richtungen. Also fordere aktiv Feedback von deinen Kunden, um Missverständnisse zu vermeiden und die Kundenbeziehung zu verbessern. Ermutige sie, offen zu kommunizieren.

17:16 100 %

Sidekick Viktoria

Online-Umfrage

Zeig, dass dir die Meinung deiner Kunden wichtig ist, und lass sie wissen, dass sie gehört werden. Hol dir ehrliches Feedback von deinen Kunden und verbessere die Beziehung! Mach's locker und direkt: Schick 'ne kurze Umfrage, starte eine coole Social-Media-Challenge oder nutze Live-Chats.

Personalisierte E-Mail

Ein Gym schickt einem Mitglied folgende Message: „Hey! Glückwunsch zum Erreichen deines Fitnessziels! Hier bekommst du dein persönliches Feedback und eine coole grafische Darstellung deines Erfolgs. Mach weiter so – du rockst das!“

Nutze das Feedback deiner Kunden auch, um Dienstleistungen zu verbessern. Dies zeigt, dass du ihre Meinungen ernst nimmst und bestrebt bist, stetig besser zu werden. Diese Ansätze helfen, eine positive Erfahrung zu schaffen und Kunden nicht nur zufriedenzustellen, sondern sie zu begeistern und langfristig zu binden.

Positive Rückmeldungen sind ein Schlüsselelement für den Aufbau einer starken Kundenbeziehung und für erfolgreiche Empfehlungsmarketingstrategien.

4 BINDUNG DER BEZIEHUNG

Als Letztes geht es in der Erfahrungsphase darum, die Beziehung zu deinem Kunden zu vertiefen und ihn zum langfristigen Stammkunden zu entwickeln. Ein Schlüssel dazu ist, echtes Interesse zu zeigen. Dies beinhaltet das Kennenlernen persönlicher Details über deinen Kunden, das Nutzen sozialer Medien zur Interaktion und das Stellen gezielter Fragen, um relevante Informationen zu sammeln.

4 Tipps zur Bindung der Beziehung

1. **Kümmere dich aktiv um deinen Kunden durch regelmäßigen Kontakt über verschiedene Kanäle.**
2. **Verstehe und nutze persönliche Informationen wie Beziehungsstatus, Geburtstag, Kinder oder Hobbys.**
3. **Zeige ehrliches Interesse und mache zum Beispiel kleine Geschenke.**
4. **Lade deinen Kunden zu exklusiven Events, Produktvorstellungen oder Workshops ein.**

Um Beziehungen effektiv zu pflegen, ist es essenziell, Inhalte vorheriger Gespräche zu notieren und persönliche Details wie Geburtstage in einer Datenbank zu speichern, um bei Bedarf darauf zurückgreifen zu können.

Diese Methode hilft dir, „Freund“ und nicht nur „Anbieter“ zu werden, was besonders wichtig ist, da du bereits als kompetent eingestuft wurdest.

Diese 4 Punkte ermöglichen es dir, tiefere und langlebigere Beziehungen zu deinen Kunden aufzubauen, die nicht nur auf Professionalität basieren, sondern auch auf einem persönlichen Verständnis und Interesse an ihren individuellen Bedürfnissen und Umständen.

3.5 FÜRSPRECHERPHASE

In der finalen Phase des Sales Circles, der Fürsprecherphase, konzentrierst du dich darauf, Kunden in aktive Befürworter deiner Brand zu verwandeln. Das Ziel ist es, dass Kunden nicht nur wiederkommen, sondern auch ihre positiven Erfahrungen aktiv teilen und dir so neue Kunden bringen.

Nutze Kundenbewertungen: Fordere deine Kunden aktiv auf, nach dem Kauf Bewertungen abzugeben. Das hilft, das Vertrauen potenzieller Kunden zu gewinnen, da 91 Prozent der Konsumenten Online-Bewertungen lesen, bevor sie eine Kaufentscheidung treffen.

Positive und negative Bewertungen: Positive Bewertungen sind natürlich top! Aber auch negative Bewertungen bieten die Chance, deine Reaktionsfähigkeit und Kundenorientierung zu demonstrieren.

Ermutige zum Teilen von Erfahrungen: Motiviere deine Kunden, ihre positiven Erfahrungen auf deiner Website oder in Social Media zu teilen.

Nutze Social Media: Halte deine Fürsprecher über Plattformen wie Facebook, Instagram oder TikTok mit unterhaltsamen und informativen Inhalten aktiv und beteiligt.

Empfehlungsmarketing aktiv gestalten: Ermutige zufriedene Kunden, deine Dienstleistungen oder Produkte persönlich weiterzuempfehlen. Persönliche Empfehlungen sind besonders wirkungsvoll, da sie eine hohe Glaubwürdigkeit besitzen. Durch Empfehlungen werden neue Kundenreisen ausgelöst und der Sales Circle ist perfekt.

BEST PRACTICE JULIEN BACKHAUS

Eine starke Position muss man aushalten können.

Julien Backhaus ist einer der auffälligsten und kontroversesten Medienunternehmer unserer Zeit. Als Herausgeber und Chefredakteur von Magazinen wie „ERFOLG Magazin“ und „Wirtschaft TV“ hat er sich einen Namen gemacht, der weit über die üblichen Grenzen der Medienlandschaft hinausgeht.

Seine scharfen Meinungen und provokativen Thesen haben ihm viele Anhänger, aber auch Kritiker eingebracht. Doch genau das ist Teil seines Erfolgs – Backhaus weiß, dass in der modernen Medienwelt eine starke Position unerlässlich ist, selbst wenn man dafür Gegenwind in Kauf nehmen muss.

DIE 4 ERFOLGSFAKTOREN VON JULIEN BACKHAUS

1 Polarisierung als Strategie

Julien Backhaus versteht die Kraft der Polarisierung. In einer Zeit, in der Medieninhalte in der Masse untergehen können, setzt er bewusst auf provokante Meinungen und Thesen, um Aufmerksamkeit zu generieren. Seine Aussagen, ob in Interviews, Kolumnen oder sozialen Medien, sind oft bewusst zugespitzt, was ihm eine hohe Sichtbarkeit und eine treue Fangemeinde eingebracht hat.

Diese Strategie mag Risiken bergen, aber Backhaus zeigt, dass eine klare und mutige Haltung in der Medienwelt unerlässlich ist. Er verkörpert das Motto: „Eine starke Position muss man aushalten." Denn wer nur mitschwimmt, wird schnell übersehen.

2 Personal Branding

Backhaus hat sich selbst zur Marke gemacht. Er steht nicht nur hinter seinen Publikationen, sondern ist ihr Gesicht und ihre Stimme. Durch regelmäßige Auftritte in den Medien, sei es in Talkshows, Podcasts oder als Gastautor in renommierten Zeitschriften, hat er sich als Experte für Erfolg, Unternehmertum und Medien positioniert.

Dieses starke Personal Branding hat ihm eine Reichweite verschafft, die seine Publikationen allein nicht erreichen könnten. Für Backhaus ist es entscheidend, nicht nur als Verleger, sondern als Persönlichkeit wahrgenommen zu werden.

3 Nutzung neuer Medien

Julien Backhaus hat früh erkannt, dass die Zukunft der Medien in der digitalen Welt liegt. Mit Formaten wie „Wirtschaft TV" und seiner Präsenz auf Plattformen wie YouTube und Instagram erreicht er ein breites Publikum, das sich nicht nur für traditionelle Printmedien interessiert.

Durch die geschickte Nutzung dieser Kanäle hat er seine Marke und seine Botschaften erfolgreich verbreitet und eine Community aufgebaut, die ihm über verschiedene Plattformen hinweg folgt. Dies zeigt, wie wichtig es ist, die eigenen Inhalte dort zu platzieren, wo die Zielgruppe aktiv ist.

4 Authentizität und Durchhaltevermögen

Backhaus ist ein Unternehmer, der keine halben Sachen macht. Er bleibt seinen Werten treu, auch wenn das bedeutet, Gegenwind zu bekommen. Diese Authentizität ist ein wesentlicher Bestandteil seines Erfolgs.

Er zeigt, dass es im Geschäft nicht nur darum geht, zu gefallen, sondern auch darum, für etwas zu stehen – selbst wenn das unbequem ist. Seine Karriere beweist, dass Durchhaltevermögen und eine klare Haltung langfristig mehr Erfolg bringen als der Versuch, es allen recht zu machen.

04

DIE KUNST,
IN DEINER ZIELGRUPPE SICHTBAR ZU SEIN

4 DIE KUNST, IN DEINER ZIELGRUPPE SICHTBAR ZU SEIN

Sichtbarkeit ist die Währung unserer Zeit. **Denn was bringt es dir, wenn du gut bist, aber keiner es sieht?**

Im vorangegangenen Kapitel haben wir durch den neuen Sales Circle erfahren, dass die Trigger- und Recherchephasen extrem wichtig für die Kundengewinnung sind. Nun liegt es an dir, dass du während dieser beiden Phasen auch wahrgenommen wirst – gesehen wirst. Wie du das schaffst, zeige ich dir in diesem Kapitel.

Sichtbarkeit schafft Vertrauen. Denn was der Mensch häufiger sieht, kennt er. Und was er kennt, dem neigt er zu vertrauen. Im Marketing gibt es hierzu das englische Sprichwort: „It's all about trust."

Wenn Kunden dich und dein Angebot also auf dem Schirm haben, dann ist das letztlich verkaufsfördernd. Aber wie oft muss dich dein potenzieller Kunde wahrnehmen? Je nach Produkt benötigt er heutzutage zwischen 10 und 30 optische Touchpoints, oft sogar mehr, bis er auch wirklich kauft. Du musst also einiges tun, um von deinen Kunden wirklich wahrgenommen zu werden.

Es hat sich einiges geändert. Auch in meinem Business:
Früher hat mich ein Entscheider auf einem meiner Vorträge gesehen, an einen anderen Entscheider weiterempfohlen und der hat mich dann ebenfalls gebucht. Oftmals lagen zwischen der Empfehlung und der neuen Buchung nur ein oder zwei Tage.

Heute läuft das definitiv anders ab: Wenn mich beispielsweise ein Vertriebsleiter weiterempfiehlt, bucht der neue potenzielle Kunde mich keineswegs direkt, sondern folgt mir erst einmal – zum Beispiel auf Social Media. Er baut zu mir zunächst ein Gefühl auf, schafft eine Art digitale Beziehung. Er sieht, wo ich überall gebucht werde und auftrete. Erst wenn in seinem Unternehmen eine Veranstaltung ansteht, hat er mich als Speaker auf dem Schirm. Das kann sogar erst Monate später sein. Aber eins ist klar: Ohne Social Media hätte er mich womöglich längst vergessen.

Es kann natürlich auch sein, dass meine Social-Media-Präsenz nicht der finale Impuls für einen Entscheider ist. Vielleicht liest er etwas in einem Magazin über mich, sieht mich im Frühstücksfernsehen oder, oder, oder.

Du siehst: Ein Kanal reicht heute nicht aus. Ein einzelner Impuls erst recht nicht.

Ohne dich zu verzetteln, solltest du mehrere Kanäle bedienen. Und zwar die, auf denen dein Kunde unterwegs ist und dich **erwartet**. Lass dir dieses Wort mal auf der Zunge zergehen: **„Er“** (der Kunde) **„wartet“** auf dich! Deswegen ist die erste Überlegung, wo das überhaupt ist.

Nun zeige ich dir die besten Wege, um dich und dein Business in die Sichtbarkeit zu bringen.

4.1 PUBLIC RELATIONS

Die wohl am meisten unterschätzte Möglichkeit, Sichtbarkeit zu erlangen, ist die klassische Öffentlichkeitsarbeit.

Je mehr Brands sich auf Social Media stürzen, desto weniger werden klassische Medien wie Zeitschriften, Radio und Fernsehen, aber auch digitale Medien wie Online-Magazine, große Blogs und Podcasts etc. bedient. Hierin steckt für dich eine riesige Chance.

Aber wieder einmal ist deine Positionierung (siehe Kapitel 2.2) enorm wichtig. Also denke immer an das Besondere, das dich ausmacht.

In diesem Kapitel zeige ich dir:

1. wie du die richtigen Medien wählst,
2. wie du die Medien anschreibst,
3. wie du die perfekte Headline kreierst,
4. wie du den optimalen Artikel schreibst.

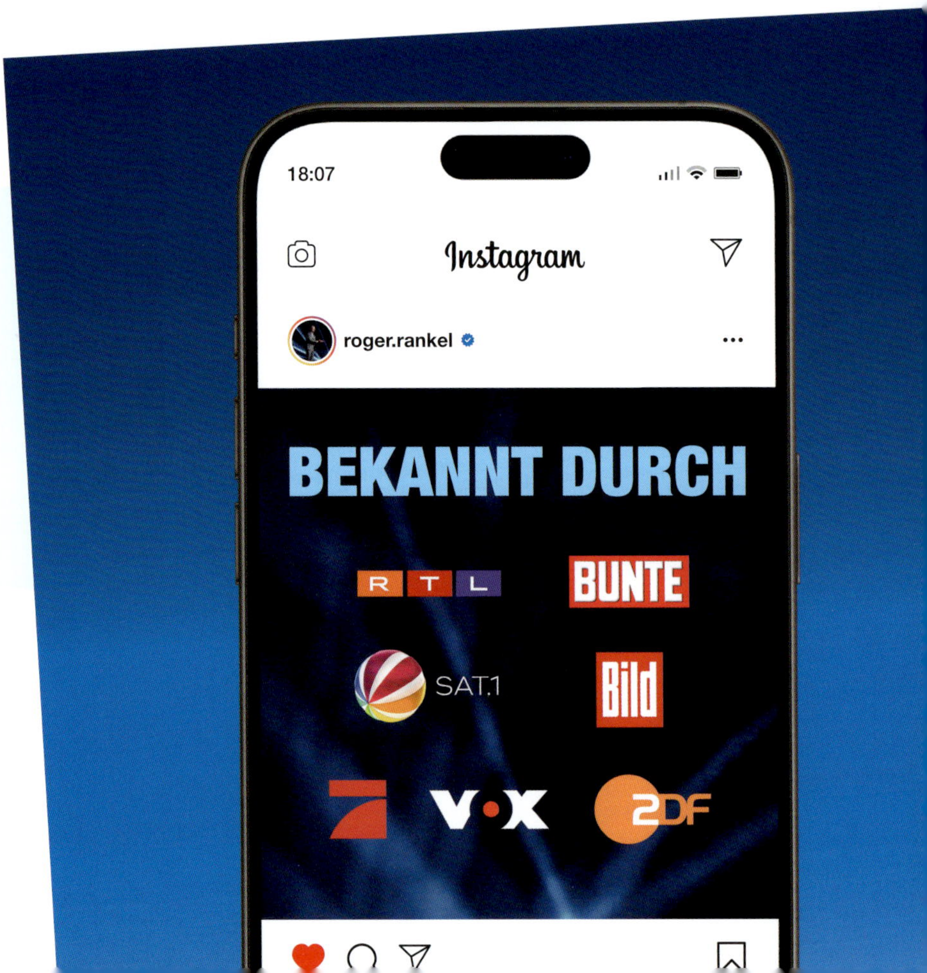

1 SO WÄHLST DU DIE RICHTIGEN MEDIEN

Stellen wir uns vor, du bietest Walking-Kurse an und hast dich positioniert als

DER BARFUẞ-LAUFTRAINER.

Dann kannst du nicht nur in den Fachblättern LAUFZEIT, Walking, Nordic Walking, AKTIV LAUFEN, LÄUFT usw., sondern auch in den breiten Medien wie Men's Health oder FIT FOR FUN und sogar in den Massenmedien wie BUNTE, GALA, BILD usw. stattfinden.

Je ausgefallener deine Positionierung ist, desto interessanter wird sie für „jedermann". Folglich interessieren sich alle bis hin zu den Massenmedien für dich und das, was du zu erzählen hast.

2 SO SCHREIBST DU DIE MEDIEN AN

Suche dir die ganzen Redaktionen heraus (also die konkreten Ansprechpersonen und deren E-Mail-Adressen) und liefere die nächsten sechs Wochen jede Woche einen fachlichen Artikel. Schreibe bewusst nicht im Werbestil, weil das kein Leser vorgesetzt bekommen möchte – und die Redaktionen wissen das.

Nimm zum Schreiben gerne ChatGPT zu Hilfe und achte bei deiner Eingabe auf die wichtigsten Infos:

- ✔ **Länge (bzw. Zeichen)**
- ✔ **Titel/Untertitel/Thema**
- ✔ **Art des Schreibstils**

Der Schreibstil bezieht sich nicht auf dich, sondern auf die jeweilige Zeitschrift. Denn jedes Medium hat eine andere Sprache. Die BILD-Zeitung ist plakativ, DIE ZEIT sehr seriös und zurückhaltend, die FIT FOR FUN eher frech, jung, fordernd usw.

Kurzum: Sechs Wochen jeweils zehn Medien, das sind insgesamt 60 Artikel, die du gezielt an die geeigneten Redaktionen senden musst.

Baue zusätzlich immer die folgenden Hinweise an die Redaktionen mit ein:

„Dieser Artikel kann gerne 1:1 oder gekürzt veröffentlicht werden. Bilder finden Sie hier (LINK oder Anhang) und für weitere Artikel stehe ich Ihnen gerne zur Verfügung."

Ich verspreche dir, der eine oder andere Artikel wird gerne genommen und abgedruckt. Hierdurch hast du eine kostenlose Sichtbarkeit, die dein Konkurrent nicht hat.

Voraussetzungen sind natürlich:

- **eine starke Positionierung**
- **ein starker Content**

Klar, denn du musst den Lesern schon einen Nutzen stiften.

3 SO KREIERST DU DIE PERFEKTE HEADLINE

Schon die Überschrift muss catchen und mithilfe von ChatGPT ist auch das schnell lösbar. Ich selbst habe es getestet und Folgendes eingegeben:

„Ich benötige für das Magazin FIT FOR FUN fünf Ideen für eine Headline. Diese Headline soll für einen halbseitigen Artikel sein, den ich als Barfußlauftrainer verfasse, und für die Vorteile des Barfußlaufens stehen. Gerade jetzt im Frühjahr."

Hier das Originalergebnis, das ich innerhalb von 1,5 Sekunden bekommen habe:

FRÜHLINGSGEFÜHLE	Warum Barfußlaufen mehr Energie bringt.
AB IN DIE NATUR	Der neue Trend, Barfußlaufen. So geht's.
GESUND & FIT	Angenehmer, als man denkt. Gesünder, als man glaubt.
BARFUß INS GLÜCK	So stärkt laufen ohne Schuhe das Immunsystem.
NATÜRLICHER START	Wie Barfußlaufen Ihr Leben verändern kann.

Nun bist du vielleicht kein Barfußlauftrainer, sondern Finanzdienstleister und denkst dir: „Wie soll ich denn in die Medien kommen?"

Ganz einfach: Allein die Headline ist schon die halbe Miete. So hat ein Teilnehmer aus meinem vorletzten Bootcamp genau diese Regel angewandt. Er hat sechs Wochen lang jede Woche jeweils einen Beitrag an zehn Redaktionen gesendet. Einer seiner Beiträge wurde sogar in der BILD-Zeitung veröffentlicht.

Das hier war die Headline für das auflagenstärkste Medium Deutschlands:

DIE 7 IRRTÜMER VON LEBENSVERSICHERUNGEN

Darüber hinaus war er noch in weiteren Medien vertreten und hat mit einigen einen so engen Kontakt aufbauen können, dass er nun regelmäßig Beiträge liefern wird.

Mehr kostenlose Werbung geht nicht. Mehr Sichtbarkeit auch nicht.

Kosten: 0,00 Euro
Zeitlicher Aufwand: ca. 6 Stunden
Reichweite: mehrere Millionen Leser

Ganz gleich, ob du Dirndl-Designerin, Online-Marketer, Personal Coach, Tanzlehrerin oder Immobilienmakler bist: Wenn du eine gute Positionierung hast und gute Beiträge lieferst, findest du unwillkürlich in den Medien statt.

Bei mir schwappte die Sichtbarkeit übrigens recht schnell von den Printmedien hinüber zu Radio und TV. Auch dir kann das gelingen.

„Tu Gutes und sprich darüber“ … öffentlichkeitswirksam.

Wenn auch du in einfachen Schritten und mit wenig Zeitaufwand in den Medien stattfinden möchtest, kann ich dir das in meinem **Bootcamp** zeigen. Dies und vieles mehr werden wir nämlich dort besprechen. Hier erfährst du mehr:

SCAN ME

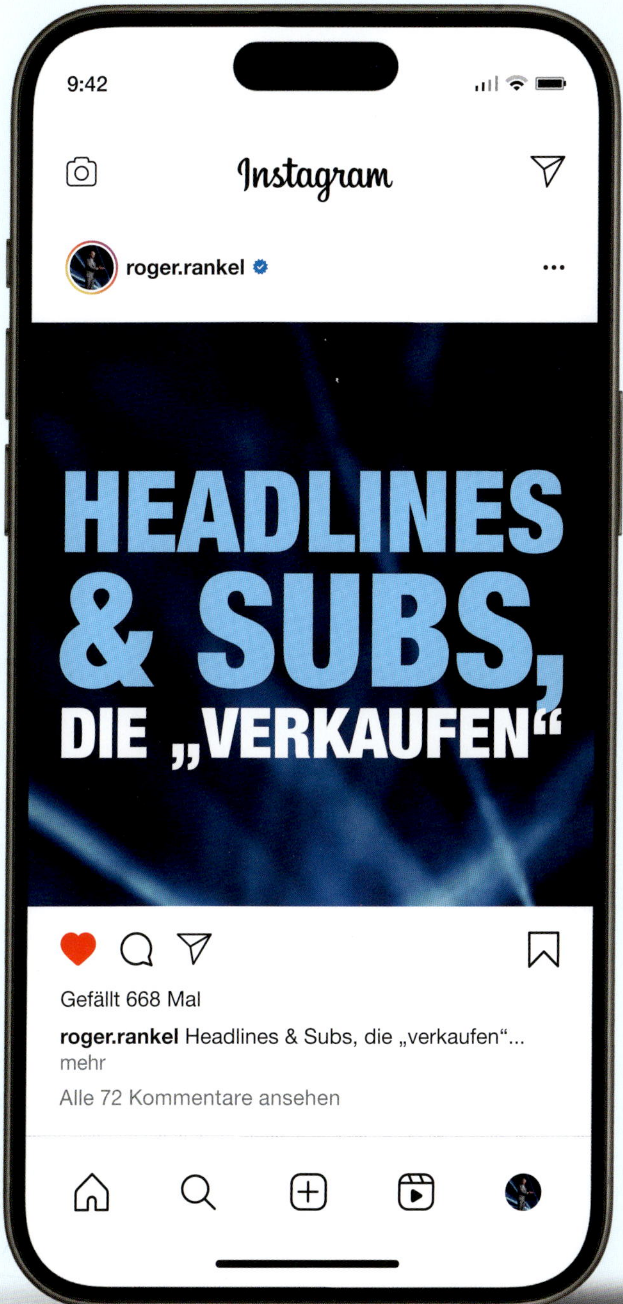

VON FORSCHERN ENTDECKT:
Die 5 effektivsten Methoden, um …
Beitrag von einem Fitness-Coach

BÖRSEN-EXPERTIN LEGT FÜR IHR KIND AN
„Mit diesem Depot mache ich meinen Sohn zum Millionär“
Beitrag von einer Vermögensberaterin

DAS MÜSSEN URLAUBER JETZT WISSEN
Die Gefahren am Strand von Mallorca
Beitrag von einem Reisebüro-Inhaber

DAS IST HEUER ANDERS
5 Neuigkeiten auf dem Münchner Oktoberfest
Beitrag von einer Dirndl-Designerin

DAS MÜSSEN WOHNUNGSSUCHENDE JETZT WISSEN
Wunderwaffe Bewerbermappe
Beitrag von einem Immobilienmakler

HAUSKÄUFER AUFGEPASST:
80 Prozent würden zu einem Makler wechseln, der 3D-Besichtigungen anbietet
Beitrag von einem anderen Immobilienmakler

DAS BESTE AUS ZWEI WELTEN
So kombiniert man Online mit Empfehlungsmarketing
Beitrag von mir

4 SO SCHREIBST DU DEN OPTIMALEN ARTIKEL

Nicht nur beim Verfassen einer guten Headline kann ChatGPT dir helfen. Egal, ob du eine gute Idee für den nächsten LinkedIn- oder Insta-Post brauchst, eine E-Mail an deine Bestandskunden oder ein Motivationsschreiben an deine Mitarbeiter formulieren möchtest.
Oder du benötigst einen Kooperationsvertrag, einen Bewerbungstext, ein verkaufsstarkes Exposé oder, oder, oder … ChatGPT liefert dir tolle Ergebnisse in Sekunden.

Lade dir einfach die App herunter. Ich selbst nutze das original ChatGPT und kann es auch wirklich empfehlen! Und schon geht das Prompten los:

In 5 Steps richtig prompten – so sagst du es ChatGPT

1 Sag, aus welcher Position du den Text benötigst.

Ich bin Physiotherapeut und möchte …
Ich bin Geschäftsführer eines Fertighaus-Herstellers und möchte …
Ich bin Videograf und möchte …
Ich bin Marketing-Experte und möchte …
Ich bin Immobilienprojektierer und möchte …

2 Sag im nächsten Schritt, für was, welches Medium und welche Zielgruppe du den Text brauchst.

… einen Newsletter für langjährige Kunden
… ein Dossier für eine Online-Marketing-Kampagne
… einen Artikel für die Leser der Hauszeitschrift
… einen Text für den nächsten LinkedIn-Beitrag
… eine persönliche Einladung per E-Mail
… einen Beitrag für das Handelsblatt, Aktienteil

3 Nenne dann detaillierte Informationen zu deinem gewünschten Text.

… ca. eine DIN-A5-Seite in der Sie-Ansprache und zu dem Thema …
… 7.000 Zeichen mit drei Kapiteln zum Thema …
… 2 DIN-A4-Seiten und Beispiele zum Thema …
… 5 Interviewfragen zum Thema …
… 10 Absätze und vom Schreibstil bayerische Mundart

4 Dann nenne das Hauptthema, ggf. die Unterthemen oder Unterkapitel.

… welche Bedeutung es hat, auf welcher Seite die Mädels ihre Dirndl-Schleifen tragen
… zum Thema Mitarbeitergewinnung für Zahnarztpraxen
… Photovoltaik auf Mietshäusern
… für die Feier zum 30. Geburtstag
… die 7 Irrtümer von Lebensversicherungen

5 Und vorsichtshalber noch, wie viele Varianten oder sonstige Infos.

… zwei Varianten
… eine Variante eher förmlich, eine eher leger
… mit insgesamt 5 Subheadlines
… mit einem Handlungsaufruf zum Abschluss

Übrigens: Jeden in einem Magazin abgedruckten Artikel und jeden von dir online veröffentlichten Beitrag kannst du anschließend bzw. parallel auf deiner Website (gut für SEO) und auf deinen Social-Media-Kanälen posten.

Schleimer mag ChatGPT nicht

Übertreibe es nicht mit Schmeicheleien! Zu viel davon kann die Leistung von ChatGPT beeinträchtigen. Verwende Aufforderungen, die dem normalen menschlichen Umgangston ähneln. ChatGPT spiegelt bis zu einem gewissen Grad den menschlichen Wunsch nach Respekt wider.

4.2 SOCIAL MEDIA (ORGANISCH)

Von Likes zu Leads

In diesem Kapitel zeige ich dir, wie du deinen Social-Media-Kanal richtig erfolgreich aufbaust. Wenn du alles richtig machst, generierst du nicht nur Likes, sondern beeinflusst deine Follower auch, ihre Leads zu hinterlassen und somit den ersten Schritt hin zum potenziellen Kunden zu gehen.

GUTE POSITIONIERUNG VS. SCHLECHTE POSITIONIERUNG

Eine vermeintlich simple Tatsache vorweg: Alles, was du auf Social Media postest, wird von jedem Menschen auf der Welt gesehen! Von deinem Nachbarn genauso wie von einem Unbekannten aus China. Von deinen Freunden genauso wie von deinen Feinden. Von deinen Kunden genauso wie von deinen Konkurrenten. Es hält den Fokus auf dich und deine Brand wie unter einem Vergrößerungsglas. Sei dir dessen stets bewusst. Warum betone ich das so stark?

Nun, wenn du deine gute Positionierung gefunden hast, dann bist du bei diesen ganzen Social-Media-Usern gut positioniert.
Hast du allerdings eine schlechte Positionierung, dann bist du quasi auf der ganzen Welt schlecht positioniert. Du bist also gut positioniert? Dann glänzt du überall.

Nun zeige ich dir:

1. **wie du Social Media geschickt in deinen Tag integrierst,**
2. **wie deine Posts erfolgreich werden,**
3. **wie du relevant und interessant wirkst,**
4. **wie du die richtigen Social-Media-Kanäle für dich findest.**

1 SOCIAL MEDIA GESCHICKT INTEGRIEREN

Klar ist, dass Social Media Arbeit bedeutet. Aber ausgehend davon, dass du kein professioneller Content Creator bist oder werden möchtest, muss es nicht dein Leben dominieren.

Denn ansonsten ist klar, dass dein gesamtes Engagement auf Content ausgerichtet ist und du einen Videografen, Cutter usw. brauchst oder zumindest selbst die entsprechende Expertise hast.

Überlege dir also, wie du Social Media smart in deinen Alltag integrieren kannst. Nutze zum Beispiel spontane Behind-the-Scenes-Einblicke, um authentisch und relatable zu wirken.

Setze auf Reels und kurze Videos, um trendy und präsent zu bleiben. Zeig deine echten Momente – das lieben die Leute.

Wenn du weißt, wie man guten Content kreiert, geht es dir einfach von der Hand. Deshalb habe ich hier die wichtigsten Hacks für dich zusammengestellt.

Viele Likes, Klicks, Follower und Beiträge bedeuten natürlich nicht zwangsläufig, dass du erfolgreich bist, wenn keine Umsätze kommen.

Über all dem, was wir hier besprechen, steht eines ganz klar drüber:

BE USEFUL.

Mache dich nützlich. Liefere Substanz.

Likes bezahlen deine Rechnungen nicht.
Medienberichte auch nicht.

Aber Kunden, denen du Nutzen stiftest.

2 MIT DIESEN 8 HACKS WERDEN DEINE POSTS ERFOLGREICH

Damit deine Posts erfolgreich werden, habe ich dir hier die wichtigsten 8 Tipps zusammengestellt. Sie widersprechen sich übrigens nicht gegenseitig. Du kannst also so viele gleichzeitig anwenden, wie du möchtest.

1 Authentische Einblicke

Gib deinen Followern Einblicke hinter die Kulissen. Zeige, was in deinem Alltag passiert, ob im Büro, bei Events oder einfach nur lustige Momente. Authentizität schafft Vertrauen und macht dich sympathisch.

2 Interaktive Elemente

Nutze interaktive Formate wie Umfragen, Quiz und Live-Sessions. Das bindet dein Publikum ein und macht deine Beiträge lebendiger. Es fördert die Interaktion und steigert die Engagement-Rate.

3 Visuell ansprechend

Achte auf hochwertige Bilder und Videos. Gute Beleuchtung, klare Aufnahmen und ästhetisches Design sind ein Muss. Deine Beiträge sollten im Feed hervorstechen und Lust auf mehr machen.

4 Kurze Videos und Reels

Setze auf kurze, knackige Videos und Reels. Sie sind perfekt, um Trends aufzugreifen und deine Reichweite zu erhöhen. Zeig schnelle Tipps, lustige Szenen oder Mini-Tutorials.

5 Hashtags und Trends

Nutze relevante Hashtags und bleibe up to date mit aktuellen Trends. Dadurch erreichst du eine größere Zielgruppe und machst deine Posts sichtbarer.

6 Storytelling

Erzähle Geschichten! Ob persönliche Anekdoten, Erfolgsgeschichten oder spannende Erlebnisse – Storytelling fesselt und hält die Aufmerksamkeit deiner Follower hoch.

7 Regelmäßigkeit

Poste regelmäßig, aber übertreibe es nicht. Finde einen Rhythmus, der zu dir und deiner Community passt. So bleibst du im Gedächtnis, ohne aufdringlich zu wirken.

8 Call-to-Action

Vergiss nicht, mindestens eine Call-to-Action einzubauen. Fordere deine Follower auf, zu kommentieren, zu teilen oder deine Story zu liken. Das fördert die Interaktion und bringt Leben in deinen Account.

Wie du deine Posts pushst, erfährst du auf Seite 198.

3 SO BIST DU RELEVANT UND INTERESSANT

Bringe, was deine Follower wirklich interessiert. Was für sie eine echte Relevanz hat. Und zeige dich interessant, kurzweilig und plakativ. So weit, so gut, das haben wir im Kern bereits an diversen Stellen in diesem Buch besprochen.

Jetzt, wo es um Content Creation geht, empfehle ich dir aber noch ein weiteres erfolgversprechendes Tool, um auf Social Media das Interesse der User zu wecken. Und zwar …

Fun, Fame & Lifestyle

Bei allem inhaltsstarken Content darfst du natürlich den Spaß nie vergessen. Fame auch nicht. Berühmte Personen funktionieren halt einfach immer gut.

So war vor Kurzem Deutschlands reichweitenstärkster Versicherungsmakler Bastian Kunkel bei Wirtschaftsminister Christian Lindner in Berlin. Mehr Fame geht in dieser Branche nicht.

Mein Speaker-Kollege Jürgen Höller hatte schon Größen wie Arnold Schwarzenegger oder Philipp Plein auf der Bühne und postet diese Beiträge heute noch auf seinen Kanälen.

Und wenn ich mit meinem Freund und Boxweltmeister Arthur Abraham irgendwo zusammen gesichtet werde, gibt es viele, die uns fotografieren und die Bilder anschließend in ihre Social-Media-Kanäle stellen. Die Motivation, Arthur zu fotografieren und zu posten, ist natürlich meist deutlich größer, als mich zu promoten.

Aber hier bin ich ganz ehrlich: Ich profitiere von seiner Reichweite natürlich ungemein. So wie andere schon von meiner Reichweite ein paar Follower abbekommen haben.

Aber warum posten so viele Influencer über ihren Lifestyle? Ganz einfach: Tolle Bilder in einer Spitzenkulisse sowie von ihrem exklusiven Leben, in dem es an nichts fehlt, zeigen: „Ich habe es geschafft." Und das wiederum begeistert viele Menschen, weil sie dann auch von solch einem Leben träumen. Wenn sie es selbst nicht haben können, dann wollen sie wenigstens in ihren Gedanken teilhaben.

Das ist auch der simple Grund, warum viele Menschen im Dubai-Urlaub mehr posten, als wenn sie wieder zurück in Wanne-Eickel sind, und warum es von anderen schönen Ereignissen mehr Beiträge gibt als zum Beispiel vom Arztbesuch.

Wie geht Social Media wirklich, was und wie solltest du posten, sodass dein Content viral geht? Was ist deine Big Idea?

All das besprechen wir in meinem **3-Tage-Bootcamp** in Kitzbühel.

Du bekommst dort für dich die passende Idee, um sichtbar zu werden und eine hohe Reichweite zu erlangen. Mehr erfährst du hier:

SCAN ME

Gib dem Kind einen Namen

Der Name deines Social-Media-Kanals ist eines der Aushängeschilder, die der User am schnellsten erkennt und wiedererkennt. Deshalb solltest du schon bei der Namenswahl deines Accounts die „Big Idea" berücksichtigen.

Denn auch hier gilt: Der Titel verkauft. **Und deswegen ein paar erfolgreiche Titelbeispiele:**

- **VERSICHERUNGEN MIT KOPF**
  … ist einer der erfolgreichsten Assekuranz-Accounts in Deutschland.
- **DENKMAL.NACH-IMMOBILIEN**
  … drückt die Nachhaltigkeit von Bestandsobjekten schon im Titel aus.
- **MrWissen2go**
  … sagt, dass es Fakten für unterwegs gibt.
- **WahreGerüchte**
  … zeigt bereits im Namen, dass der Kanal sich mit Klatsch und Tratsch selbst nicht so ernst nimmt.
- **ARCHITECTURE HUNTER**
  … verspricht, dass es um besondere Immobilien geht.

Wenn du dich an sogenannte „sprechende“ Kanalnamen hältst, erkennt auch der Algorithmus ganz nebenbei, wofür dein Kanal inhaltlich steht.

Die entsprechenden Beiträge postest du selbstverständlich auf genau diesem Kanal. Denn dort wird deine Zielgruppe den passenden Content erwarten. Genau da musst du stattfinden.

Pflege deinen Kanal mit vollem Einsatz. Also so gut, dass er dir, deinem Business und den Erwartungen deiner Follower entspricht oder sie gar übertrifft.

4 SO FINDEST DU DIE RICHTIGEN SOCIAL-MEDIA-KANÄLE FÜR DICH

Damit du die wichtigsten Kanäle gut miteinander vergleichen kannst und die Favoriten für dein Business findest, zeige ich dir hier die Vor- und Nachteile sowie ihre zu erwartende Zukunft.

Facebook

Vorteile

- Breite Nutzerbasis: Mit über 3 Milliarden monatlich aktiven Nutzern bietet Facebook Zugang zu einem riesigen Publikum.
- Vielfältige Werbemöglichkeiten: Umfangreiche Targeting-Optionen ermöglichen es, spezifische demografische Gruppen zu erreichen.
- Vielseitige Content-Formate: Unterstützung für Text, Bilder, Videos, Stories und Live-Übertragungen.
- Nutzergruppen: Sie ermöglichen es dir, innerhalb von Facebook ganz konkrete Zielgruppen anzusprechen.

Nachteile

- Organische Reichweite sinkt: Der Algorithmus bevorzugt bezahlte Inhalte, was es schwieriger macht, ohne Budget eine große Reichweite zu erzielen.
- Überfüllter Markt: Hoher Wettbewerb kann es schwierig machen, sich abzuheben.

Perspektive

Facebook bleibt ein starker Kanal, besonders für lokale Unternehmen und jene, die gezielte Werbekampagnen schalten möchten. Es eignet sich hervorragend für die Ansprache einer breiten und vielfältigen Zielgruppe. Du solltest also bereit sein, zusätzlich zum organischen Content auch auf Paid Ads zu setzen.

Instagram

Vorteile

- Visuelle Plattform: perfekt für Marken mit starkem visuellen Content wie Mode, Kunst und Lifestyle.
- Hohe Interaktionsrate: Nutzer sind oft sehr engagiert und interagieren aktiv mit Inhalten.
- Instagram-Stories und -Reels: Bieten kreative Möglichkeiten zur Präsentation von Inhalten und zur Erhöhung der Sichtbarkeit.

Nachteile

- Hohes Maß an Ästhetik erforderlich: Erfordert konsistente und qualitativ hochwertige visuelle Inhalte.
- Algorithmus-getrieben: Ähnlich wie bei Facebook kann es schwierig sein, organische Reichweite zu erzielen.

Perspektive

Instagram ist ideal für visuell orientierte Unternehmen und solche, die eine jüngere, engagierte Zielgruppe ansprechen möchten. Kreativität und Ästhetik sind hier der Schlüssel zum Erfolg.

1 Name und Job
Nenne deinen Namen und was du machst. Denke hierbei an deine Positionierung (siehe Kapitel 2.2).

2 Deine Passion
Sag kurz und prägnant, was dich antreibt.

3 Dein Nutzen
Sag, wie du deiner Zielgruppe hilfst.

4 CTA – Call-to-Action
In der Bio meint die CTA, dass du es deinen Usern einfach machen sollst, dich zu kontaktieren. Nenne deine E-Mail, URL oder WhatsApp-Nummer.

LinkedIn

Vorteile

- Professionelles Netzwerk: Optimal für B2B-Marketing, Networking und die Positionierung als Experte.
- Gezielte Werbemöglichkeiten: Targeting nach Berufsbezeichnungen, Branchen und Unternehmen.
- Content für Fachpublikum: Teilen von Branchen-News, Fachartikeln und beruflichen Einblicken.

Nachteile

- Weniger visuelle Betonung: Nicht so gut geeignet für visuell orientierte Branchen.
- Langsameres Wachstum: Organisches Wachstum kann länger dauern als auf anderen Plattformen.

Perspektive

LinkedIn eignet sich hervorragend für B2B-Marketing und den Aufbau professioneller Beziehungen. Es ist der perfekte Ort, um Expertise zu zeigen und sich als Branchenführer zu positionieren.

X (ehem. Twitter)

Vorteile

- Echtzeitkommunikation: Ideal für aktuelle Themen, Nachrichten und schnelle Updates.
- Hohe Viralität: Tweets können schnell viral gehen und hohe Reichweiten erzielen.
- Interaktion mit Zielgruppe: Direkte Kommunikation mit Kunden und Influencern ist einfach möglich.

Nachteile

- Kurzlebiger Content: Tweets haben eine kurze Lebensdauer und erfordern ständige Aktivität.
- Zeichenbegrenzung: Die Begrenzung auf 280 Zeichen kann die Tiefe der Kommunikation einschränken.

Perspektive

X eignet sich für schnelle, aktuelle Kommunikation und den direkten Austausch mit der Zielgruppe.

YouTube

Vorteile

- Video-zentriert: Perfekt für Tutorials, Produktvorstellungen und andere visuelle Inhalte.
- Hohe Reichweite: Als zweitgrößte Suchmaschine nach Google bietet YouTube Zugang zu einem großen Publikum.
- Monetarisierungsmöglichkeiten: Neben Marketing können durch AdSense und Partnerschaften zusätzliche Einnahmen erzielt werden.

Nachteile

- Hohe Produktionskosten: Erstellung von qualitativ hochwertigen Videos kann zeit- und kostenintensiv sein.
- Konkurrenz: Es gibt viele Inhalte, die um die Aufmerksamkeit der Zuschauer konkurrieren.

Perspektive

YouTube ist ideal für Unternehmen, die durch Video-Content Mehrwert bieten können. Es ist besonders nützlich für Branchen, die komplexe Produkte oder Dienstleistungen anbieten, die visuell erklärt werden müssen.

TOP-YOUTUBE-BEISPIEL

Dr. Reinhard Dittmann und Prof. Dr. Alexander Rosin sind beide absolute Koryphäen in der Zahnmedizin. Sie haben unter anderem spezielle Keramiken erfunden, die dreimal härter sind als übliche. Manchmal führte das sogar dazu, dass die Diamantenbohrer zerbrachen – weil eben Keramik so stabil ist.

Trotz ihrer starken Expertise waren die beiden bei Patienten gar nicht so bekannt. Und dann kam Social Media ins Spiel:

Die beiden haben mittlerweile einen YouTube-Kanal unter dem Motto:

„Mit 80 noch Zähne wie mit 18."

Darin wird der archimedische Punkt der Story in kurzen Videos super anschaulich erklärt.

So sagt Reinhard beispielsweise einem Patienten:

„Ihnen ist wahrscheinlich schon aufgefallen, dass ein Zahnarzt oft durch die Brille mit einer kleinen Lupe davor schaut. Diese Lupen vergrößern in der Regel achtfach. Wenn man damit eine Zahnwurzel behandelt, kann man drei bis vier Zahnwurzeln klar erkennen. Wir hingegen verwenden dafür ein Mikroskop mit dreißigfacher Vergrößerung. Wenn Sie sich eine Zahnwurzel vorstellen wie eine Baumwurzel, dann kann man sich ausmalen, dass man mit einer dreißigfachen Vergrößerung alle zehn bis zwölf Wurzeln eines Zahns auseinanderhalten kann – statt der herkömmlichen drei oder vier."

„Na gut, warum kaufen andere Zahnärzte nicht auch so ein Mikroskop?"

„Ganz einfach: Erstens kostet das Ding 30.000 Euro und zweitens ist die Bedienung ziemlich herausfordernd. Wenn Sie vor Ihrem Auge eine dreißigfache Vergrößerung haben und bewegen den Kopf nur drei Millimeter, dann ist sofort die gesamte Mundhöhle des Patienten aus dem Sichtfeld verschwunden. Und nach fünf Minuten ist Ihnen übel. Es braucht mindestens ein Vierteljahr, bis man mit so einem Vergrößerungsmikroskop richtig arbeiten kann. Und dafür wollen sich die meisten Zahnärzte keine Zeit nehmen."

TikTok

Vorteile

- Rasantes Wachstum: Schnell wachsende Plattform mit hoher Nutzeraktivität, insbesondere bei jüngeren Zielgruppen.
- Kreative Inhalte: Fördert kreative, kurze Videos, die leicht viral gehen können.
- Engagement: Nutzer sind stark engagiert und interagieren oft mit Inhalten.

Nachteile

- Spezifische Zielgruppe: Hauptsächlich von jüngeren Menschen genutzt, was die Zielgruppe einschränken kann.
- Kurzlebige Trends: Inhalte und Trends ändern sich schnell, was eine ständige Anpassung erfordert.

Perspektive

TikTok eignet sich hervorragend für Marken, die eine jüngere Zielgruppe ansprechen und kreative, unterhaltsame Inhalte erstellen können. Es ist eine Plattform, die kontinuierliche Innovation und Anpassung erfordert.

Sidekick Viktoria

TikTok, der Unterhaltungshub

TikTok ist der Ort, an dem Unterhaltung großgeschrieben wird. Hier kannst du mit kreativen Videos einfach und schnell eine große Reichweite erzielen. Egal, ob Tanz-Challenges, witzige Clips oder DIY-Ideen – TikTok bietet unendliche Möglichkeiten, um viral zu gehen und das Publikum zu fesseln.

TikTok ist der ideale Spielplatz für kreative und unterhaltsame Inhalte. Es ermöglicht dir, auf einfache Weise eine riesige Community zu erreichen und deine Marke bei jungen Leuten bekannt zu machen. Probier's aus und lass deiner Kreativität freien Lauf!

Pinterest

Vorteile

- Visuelle Suchmaschine: ideal für das Entdecken und Teilen von Ideen in den Bereichen DIY, Rezepte, Mode, Wohnen und mehr.
- Lange Lebensdauer der Pins: Pins können über Monate hinweg Traffic generieren.
- Hohe Kaufabsicht: Nutzer sind oft auf der Suche nach Inspiration und bereit, Produkte zu kaufen, die sie auf Pinterest entdecken.

Nachteile

- Visuelle Qualität entscheidend: Erfordert ansprechende, hochwertige Bilder und Grafiken.
- Niedrige Wachstumsrate: Es kann länger dauern, eine große Anhängerschaft aufzubauen und regelmäßigen Traffic zu generieren.

Perspektive

Pinterest ist perfekt für Marken, die visuell ansprechende Inhalte erstellen und eine Zielgruppe ansprechen möchten, die aktiv nach Inspiration und Kaufideen sucht. Mit der richtigen Strategie kannst du langfristig Traffic und Engagement aufbauen. Nutze es, um deine kreativen Ideen zu teilen und eine treue Fangemeinde zu gewinnen!

Fazit

Jeder Social-Media-Kanal hat seine eigenen Stärken und Schwächen. Die Wahl des richtigen Kanals hängt von deiner Zielgruppe, Branche und deinen Marketingzielen ab. Durch die gezielte Nutzung der passenden Plattform können Freelancer, Dienstleister und kleine Unternehmer ihre Reichweite erhöhen und ihre Markenbekanntheit effektiv steigern.

4.3 PAY-PER-VIEW

Alles, was wir bislang in Kapitel 4 besprochen haben, kostet dich nichts, außer Aufwand. Das nennen wir Marketer **organische** Reichweiten-Generierung.

Wenn du die Steigerung deiner Reichweite etwas beschleunigen möchtest, kannst du das bereits für kleines Geld machen.

Somit kommen wir nun zur Vorstufe des Performance-Marketings: der Bezahlwerbung bzw. den Paid Ads.

Vorstufe deshalb, weil wir im Folgenden erst einmal nur darüber sprechen, wie du in die Sichtbarkeit kommst.

Wie du im nächsten Schritt konkrete Anfragen, Abschlüsse oder Käufe generierst, erfährst du in Kapitel 5.

ERFOLGREICHES BEISPIEL FÜR PAID ADS

Um dir zu verdeutlichen, wie einfach, aber durchaus sinnvoll bezahlte Ads sind, hier ein Beispiel aus der Praxis: Erinnere dich an den Finanzdienstleister, der sich als

DER ONLINE-VERMÖGENSBERATER FÜR MEDIZINER

positioniert hat.

In seinem Video, das er bereits zuvor in einer Arztpraxis eines seiner Kunden aufgenommen hatte, sagt er sinngemäß:

„Hallo, mein Name ist Jörg W. und ich bin DER ONLINE-VERMÖGENSBERATER FÜR MEDIZINER.

Warum für Mediziner? Weil ich mit einer niedergelassenen Ärztin verheiratet bin und deshalb die Belange von Ärzten genau kenne.

Und warum online? Weil Sie als Arzt wahrscheinlich wenig Zeit haben. Deswegen bin ich nur einen Mausklick von Ihnen entfernt.“

Jetzt, wo er das Video eh schon produziert hatte, haben wir es zusätzlich für Paid Ads genutzt. Wir haben es seiner Zielgruppe auf Facebook für ein Placement-Budget von 900,- Euro einen Monat lang ausgespielt.

Durch diese Maßnahme wurde Jörg von jedem niedergelassenen Arzt in Köln ungefähr 4,5-mal gesehen. Was für eine Sichtbarkeit in genau der richtigen Zielgruppe, bei kleinstem Budget.

Auch du kannst auf so einfache Art und Weise deinen ersten Schritt in die bezahlte Sichtbarkeit gehen. Nutze hierzu idealerweise Synergieeffekte. Das bedeutet, dass du deine Werbewelt nicht unbedingt neu erfinden oder entwickeln musst, nur weil du Paid Ads für dich nutzen möchtest.

Nutze bereits bestehendes Werbematerial wie Imagevideos, Erklärvideos oder bereits geschriebene und veröffentlichte Posts. Sie alle kannst du durch Ads pushen. Und je genauer du deine Zielgruppe definierst, desto effizienter wird die Paid-Maßnahme für deine Sichtbarkeit.

17:57 100 %

Sidekick Viktoria

Strumpfhosen-Brand

Triggere deine Kunden erst auf eines ihrer Probleme … Booste dann die Lösung!

1. *Problem aufzeigen: „Du hast genug von Strumpfhosen, die beim ersten Tragen kaputtgehen?“*

2. *Problem verstärken: „Stell dir vor, du bist bereit für eine Party und plötzlich – eine Laufmasche!“*

3. *Lösung zeigen: „Unsere Strumpfhosen sind laufmaschenfrei und halten doppelt so lange wie herkömmliche.“*

4. *Call-to-Action (CTA): „Jetzt kaufen und nie wieder Laufmaschen“ oder „Teste jetzt ohne Risiko – 30 Tage Geld-zurück-Garantie!“*

4.4 ON STAGE – REAL UND DIGITAL

Tolle Möglichkeiten in die Sichtbarkeit zu kommen, sind:

1. **Vorträge**
2. **Webinare**
3. **Online-Kurse**

1 VORTRÄGE

Ich kann es nicht oft genug betonen: Du solltest immer darauf achten, dort stattzufinden, wo sich deine Zielgruppe aufhält. Genau dort musst du in die Sichtbarkeit kommen.

Diese Grundweisheit im Marketing kannst du auch für Vorträge nutzen. Und aus eigener Erfahrung kann ich dir sagen, dass auch du gute Chancen hast, für Veranstaltungen als Speaker gebucht zu werden.

In deiner Branche gibt es sicherlich Leitmessen, größere Events und Conventions mit vielen Vorträgen. Bewirb dich dort als Vortragsredner und erreiche so dein Zielpublikum.

Wichtig hierbei sind natürlich wiederum deine zuvor besprochene Positionierung, dein starker Claim und deine packende Hook. Du musst dich in deiner Bewerbung als besonders darstellen – aus der Masse der Bewerber herausstechen. Nutze hierzu alle Tricks, die du bereits in diesem Buch kennengelernt hast.

2 WEBINARE

Heutzutage finden Seminare bei Weitem nicht mehr nur in Präsenz statt. Eine Vielzahl meiner Schulungen halte ich online. Diverse Unternehmen fragen sogar direkt große Online-Vorträge oder Webinare an.

Es gibt aber nicht nur die Möglichkeit, für einen Online-Vortrag oder ein Webinar gebucht zu werden. Du kannst auch selbst Veranstalter eines Webinars sein. Hierzu ein erfolgreiches Beispiel aus der Praxis.

Ich habe gute Freunde aus Dubai, die sehr erfolgreich mit einem regelmäßigen Webinar sind. Sie halten es einmal pro Woche ab und gehen inhaltlich auf den Investitionsstandort Dubai ein. Am Ende des Webinars bieten sie den Teilnehmern die Möglichkeit, bei deren nächstem Besuch der Vereinigten Arabischen Emirate einen dreistündigen Dubai-Insider-Trip zu vereinbaren.

Sie generieren durch diese Maßnahme zahlreiche Termine, da sie in ihrem Webinar im Schnitt zwischen 200 und 300 Teilnehmer pro Woche haben. Das wiederum schaffen sie durch gutes Online-Marketing, wie vor ein paar Seiten beschrieben. So sind sie innerhalb der Zielgruppe der Dubai-Interessierten in kürzester Zeit omnipräsent geworden.

3 ONLINE-KURSE

Online-Kurse bieten sich ebenfalls sehr gut an, um in die Sichtbarkeit zu kommen. Hierbei ist es erst einmal gleich, ob du deinen Online-Kurs kostenpflichtig, gegen eine Schutzgebühr oder gratis anbietest.

Wichtig ist, dass du als Experte wahrgenommen wirst und dass du dir vorab gut überlegst, welchen Mehrwert du deiner Zielgruppe mit deinem Online-Kurs bieten möchtest.

In meinen Coachings stelle ich oft fest, dass die besten Experten auf ihrem Gebiet sich im ersten Moment nicht vorstellen können, worüber sie in einem eigenen Onlinekurs berichten könnten. Sie sehen den Wald vor lauter Bäumen nicht mehr.

Auch hierbei hilft dir deine zuvor definierte Positionierung extrem. Sie ist der Schlüssel zu den Themen deines Kurses. Hier ein paar Beispiele, die alle sehr gut in den jeweiligen Zielgruppen ankommen:

Ich habe zuvor bereits von dem Krankengymnasten berichtet, der die Ausbildung zum Osteopathen gemacht hat, Physiotherapeut ist und Schmerzpatienten behandelt. Er hat einen Videokurs mit dem Titel „In 5 Atemzügen schmerzfrei“ auf den Markt gebracht. Er ist eingeschlagen wie eine Bombe und hat dem Therapeuten obendrein einen starken Zusatzumsatz beschert.

Aber wie gesagt: Dein Kurs muss nicht kostenpflichtig sein. Ebenfalls sehr erfolgreich ist der Videokurs „Die ersten 100 Tage in Deutschland“. Er richtet sich konkret an Inder, die als Fachkraft neu in Deutschland angekommen sind und mit unseren Gepflogenheiten vertraut gemacht werden wollen.

Ein weiteres erfolgreiches Beispiel ist der Videokurs „Deutsch für Anfänger“, der sich an Zuwanderer richtet und sich als unverzichtbar für viele Neuankömmlinge erwiesen hat.

„10-Jähriger entwickelt Vokabeltrainer“ ist ein Englischkurs, den ein Lehrer zusammen mit seinem Sohn entwickelt hat.

WORTE, DIE VERKAUFEN, …

… sind immer Worte, die Bilder erzeugen!

Als Arnold Schwarzenegger für das Amt des Gouverneurs von Kalifornien kandidierte, nutzte er genau diese Strategie im Wahlkampf mit vollem Erfolg.

Mit einem Besen in der Hand sagte er medienwirksam auf jeder einzelnen Wahlkampfveranstaltung:

„I will clean the house.“

Er drückte durch seine Ausführungen unmissverständlich aus, dass er „aufräumen“ werde. Säubern, was zu säubern ist. Kalifornien wieder zum Glänzen bringen.

Arnold kam (mit dieser Message), sah und siegte.

4.5 DAS EIGENE BUCH

Ein selbst geschriebenes Buch bringt Buchungen, Aufträge und kann eine mächtige Möglichkeit sein, dein Business voranzubringen. Es ist ein Marketing-Instrument, schafft eine gewisse Autorität, positioniert dich hervorragend – und vor allem bringt es dich in die Sichtbarkeit.

Dies hier ist mittlerweile mein 14. Buch. Mit den Vorgängern war ich jeweils in so ziemlich jeder Buchhandlung in Deutschland, Österreich, der Schweiz und in Teilen von Luxemburg sowie Liechtenstein. Was für eine Reichweite.

By the way, mit einem eigenen Buch ist der Weg in die Medien fast unvermeidbar. Du hast also das perfekte Vehikel, um ins TV, Radio oder die (Online-)Presse zu kommen.

Sogar wenn du kein Verlagsbuch publizierst, sondern dein Werk über den sogenannten Eigenverlag veröffentlichst, wirst du eine gewisse Reichweite erzielen.

So oder so wird ein eigenes Buch deine Brand stärken. Es sollte natürlich hochwertig produziert sein – sowohl textlich und grafisch als auch den Druck betreffend.

Und jetzt mal ehrlich, wenn ich allein es geschafft habe, 14 Bücher sowie 4 Auftragsbücher für Unternehmen wie ARAG oder die Volksbank zu publizieren, wirst du doch eines locker hinbekommen.

Denn wenn man weiß, wie's geht, dann geht's. Deshalb verrate ich dir hier:

10 Gründe für dein eigenes Buch
6 Schritte zum eigenen Buch
3 Tipps zur Veröffentlichung deines Buches

10 GRÜNDE FÜR DEIN EIGENES BUCH

1 Expertenstatus

Kunden suchen Experten. Gibt es ein besseres Mittel, deinen Expertenstatus zu demonstrieren, als ein Buch zu schreiben?

2 Weiterempfehlung

Deine Kunden werden stolz erzählen: „Mein Berater hat sogar ein eigenes Buch geschrieben …“ Das ist äußerst weiterempfehlenswert!

3 Greifbares Argument

Ein Buch ist etwas Reales zum Anfassen und überzeugt mehr als viele Argumente.

4 Persönliches Give-away

Ein tolles persönliches Geschenk für deine Kunden zu besonderen Anlässen.

5 Wettbewerbsvorteil

Ein eigenes Buch liefert großen Mehrwert und setzt dich von der Konkurrenz ab.

6 Klarheit gewinnen

Du bringst Ordnung in deine Gedanken und gewinnst Klarheit.

7 Sichtbarkeit

Mit einem Buch kommst du unweigerlich in die Sichtbarkeit. Real und digital.

8 Neue Fans

Mit einem eigenen Buch gewinnst du neue Fans und Popularität.

9 Flexibilität

Es muss kein dicker Wälzer sein, ein kleines Buch reicht völlig aus. Wenn dir mehr einfällt, mach eine Serie daraus.

10 Erzählstory

Mit einem Buch hast du ein perfektes Narrativ, also eine Erzählstory. Etwas, worüber gesprochen wird. Etwas, was mit dir in Verbindung gebracht wird. Etwas, was dich und dein Thema stärkt.

Ein Buch bringt Buchungen.

6 SCHRITTE ZUM EIGENEN BUCH

1 Thema wählen

- Was ist die „Big Idea", das Besondere, das Lesenswerte?
- Welche Zielgruppe soll angesprochen werden?
- Welcher Bedarf soll gedeckt oder welches Problem gelöst werden?

2 Inhalte sammeln

- Was ist wirklich relevant und interessant?
- Welche Struktur ergibt sich (Inhaltsverzeichnis)?
- Wie verläuft der rote Faden?

3 Schreiben

- Witzig und inhaltsstark!
- Leicht lesbar mit kurzen Sätzen!
- Je nach Thema/Branche: starke Bilder!

4 Titel finden

- Der Titel wird das Buch „verkaufen"!
- Der Titel muss neugierig machen!
- Der Titel muss herausstechen!

5 Layout und Format

- Lesebuch oder großformatiges Coffee-Table-Book?
- Leichte Lektüre oder dicker Schmöker?
- Hardcover oder softe Klappenbroschur?

6 Publikation

- Eigenverlag oder Verlagsbuch
- Preisfindung und Absatzwege
- Welches Marketing und welche PR?

Wenn du diese 6 Hacks beherzigst und umsetzt, wird dein eigenes Buch ein absoluter Business-Beschleuniger.

3 TIPPS ZUR VERÖFFENTLICHUNG DEINES BUCHES

1 Eigenregie

Veröffentliche es selbst. Ein Grafiker setzt das Buch, eine Druckerei druckt es. Mit Books on Demand (BoD) kannst du auch Einzelstücke drucken lassen.

2 Verlag

Arbeite mit einem Verlag zusammen. Dieser kann dir mit seiner Erfahrung und einem guten Buchtitel helfen.

3 Agentur

Egal, ob Eigenverlag oder Fremdverlag, eine Agentur, die sich damit auskennt, ist immer hilfreich.

Meine Firma, mein Buch und ich

Für deine Selbstvermarktung ist ein eigenes Buch Gold wert. Integriere das Buchcover in deine E-Mail-Signatur, veröffentliche Leseproben in deinem Newsletter und stelle einen Countdown bis zur Veröffentlichung auf deine Website. Feiere dieses Event mit deinen wichtigsten Kunden und der Lokalpresse.

Ein Buch ist etwas, das bleibt. Wer schreibt, der bleibt. Deshalb ist dies unser „Erste-Schritte-Tipp“ in diesem Kapitel. Viel Spaß und Erfolg dabei.

Sidekick Viktoria

KI-Magie

Wusstest du, dass du mit Canva (www.canva.com) im Handumdrehen ein atemberaubendes E-Book erstellen kannst? Kein kompliziertes Layout-Programm, keine Design-Kenntnisse sind nötig – Canva ist dein bester Freund, wenn es darum geht, ein starkes Design zu zaubern.

Warum Canva?

1. ***Einfach und intuitiv:*** *Mit Drag-and-Drop kannst du kinderleicht Texte und Bilder platzieren.*
2. ***Vorlagen ohne Ende:*** *Canva bietet dir unzählige Vorlagen für E-Books, die du ganz nach deinem Geschmack anpassen kannst.*
3. ***Designs, die knallen:*** *Wähle aus einer riesigen Bibliothek von Schriften, Farben und Layouts, um dein E-Book professionell aussehen zu lassen.*
4. ***KI-Bilder:*** *Mit der KI-Funktion von Canva kannst du super einfach beeindruckende Bilder generieren lassen. Einfach das gewünschte Motiv eingeben und die KI zaubert dir einzigartige Illustrationen.*

14:10 100 %

So geht's

1. ***Design auswählen:*** *Wähle eine Vorlage aus, die zu deinem Thema passt, und passe sie nach Belieben an.*

2. ***Texte einfügen:*** *Füge deine Inhalte ein – kurz, knackig und auf den Punkt.*

3. ***KI-Bilder generieren:*** *Nutze die KI, um coole, individuelle Bilder zu erstellen.*

4. ***Feinschliff und Download:*** *Füge noch den letzten Schliff hinzu und schon kannst du dein E-Book als PDF herunterladen und teilen.*

Stell dir vor, du bist ein Food-Blogger und schreibst ein E-Book über gesunde Snacks. Mit Canva gestaltest du nicht nur ein professionelles Layout, sondern generierst auch schicke Bilder deiner Rezepte, die so appetitlich aussehen, dass deine Leser am liebsten sofort in die Küche rennen wollen.

Also, worauf wartest du? Mit Canva und ein bisschen KI-Power steht deinem eigenen E-Book nichts mehr im Weg. Lass deiner Kreativität freien Lauf und beeindrucke deine Leser mit einem Design, das so gut ist, dass es den Bestsellerstatus schon programmiert hat!

4.6 ADD-ONS

Zum Abschluss des Kapitels 4 über „Die Kunst, in seiner Zielgruppe sichtbar zu sein“ möchte ich dir noch drei weitere erfolgversprechende Add-ons mit auf den Weg geben:

1. **SEO**
2. **Networking**
3. **Influencer-Marketing**

SEO

Um diese drei Buchstaben kommt man in der Online-Welt nicht herum. Sie sind die Abkürzung für Search Engine Optimization – zu Deutsch: Suchmaschinenoptimierung. Im Kern geht es darum, die eigene Website so aufzusetzen, dass sie von Suchmaschinen wie Google, Bing & Co. als sehr relevant für die eigenen User eingestuft wird und somit im Ranking der Suchergebnisse ganz weit vorne auftaucht.

Aber wie schaffst du das? Versetze dich immer wieder in deine Zielgruppe hinein und frage dich, was ihr gefallen würde. Diese simple Idee musst du in jeder Hinsicht anwenden.

Durch diese 6 SEO-Hacks wirst du bei Google & Co. sichtbar

1 Texte

Schreibe Texte, die deinen Lesern gefallen und informativ sind. Je mehr relevante Infos du den Usern bereitstellst, desto mehr für sie jeweils passende finden sie. Achte nur darauf, dass deine Website durch die Flut von Informationen nicht unübersichtlich wird.

2 Headlines

Nutze für die klare Übersicht über deine Seite eine gute Headline-Struktur. Beginne jede Sektion mit einer prägnanten Hauptüberschrift und gerne weiteren Sub-Headlines. Danach folgt erst der Fließtext.

3 Bulletpoints

Nutze zur Strukturierung auch gerne Bulletpoints. Sie bringen Übersicht und Klarheit.

4 Bilder und Videos

Binde zur Unterstützung und Veranschaulichung der Texte Bilder und Videos ein. Sie sollten schick, professionell und zugleich authentisch wirken. Vergiss nicht, sie im Quelltext mit alternativen Texten ausführlich zu beschreiben. Dies ist für die Barrierefreiheit enorm wichtig – auch Google & Co. wissen das.

5 Responsive Design

Achte bei der Programmierung der Seite immer darauf, dass der User von heute mobil ist. Er nutzt nicht nur ein Device, sondern wechselt vom Laptop zum Handy oder Tablet. Auf allen diesen Geräten muss deine Website dem gleichen Aufbau folgen und optimal lesbar und nutzbar sein.

6 Ladezeiten

Achte schließlich darauf, dass deine Website möglichst schnell lädt. Prüfe die Ladezeit zunächst mit technischen Tools. Sie geben dir ein objektives Feedback, wo deine Website beim Laden hakt. Anschließend prüfe die Geschwindigkeit aber auch noch mit deinem gesunden Menschenverstand. Denn manchmal zeigt ein Tool noch vermeintliche Schwächen auf, obwohl deine Seite in zwei Sekunden geladen ist.

Wenn du diese 6 Hacks beachtest, dann freut sich auch die Suchmaschine. Denn diese hat letztlich immer nur im Fokus, was ihre User gut finden.

Website-Texte einfach erstellt

Nutze zum Schreiben deiner Website-Texte gerne ChatGPT. Wenn du hierbei die Punkte 1 bis 3 beachtest und den folgenden Zusatzauftrag erteilst, werden sie mit Sicherheit gut:

„Beachte beim Schreiben die Suchmaschinenoptimierung.“

NETWORKING

Mein guter Freund Fredy Kirr, Direktionsleiter der DVAG, macht einmal im Quartal ein Netzwerktreffen unter dem Namen Circle of Business. Hier treten prominente Persönlichkeiten auf oder Speaker, wie zuletzt ich. Gewerbetreibende präsentieren ihre Produkte. Selbstständige, Unternehmer und Mittelständler tauschen sich aus.

Finde für dich und deine Brand passende Netzwerke. Besuche deren Veranstaltungen und komm ins Gespräch und den Austausch mit deinen potenziellen Kunden, aber durchaus auch mit Kollegen. Denn auch hier ergeben sich reihenweise Kooperationsmöglichkeiten.

So haben sich zum Beispiel die Vertreter zweier Reinigungsunternehmen kennengelernt und festgestellt, dass das eine sich auf die Unterhaltsreinigung – also alles, was im Gebäude ist – und das andere auf die Reinigung von Fassaden und Fenstern spezialisiert hat. Mit ihrer Kooperation haben sie neue Kunden gewinnen können, auf deren Ausschreibungen sie allein nicht hätten reagieren können.

INFLUENCER-MARKETING

Influencer-Marketing ist die Geheimwaffe, um deine Marke auf das nächste Level zu heben. Es nutzt die Reichweite und das Vertrauen von Influencern, um deine Botschaft an eine spezifische Zielgruppe zu bringen.

Während große Influencer oft im Rampenlicht stehen, haben Mikro-Influencer (5.000 bis 50.000 Follower) eine unglaublich engagierte Community. Ihre Empfehlungen wirken oft authentischer und persönlicher.

Hier sind 5 Tipps, um Influencer-Marketing effektiv einzusetzen:

1. **Passende Influencer finden**
   Suche Influencer, die deine Zielgruppe ansprechen und zu deiner Marke passen.

2. **Kooperationsformen**
   Biete authentische und kreative Kooperationsmöglichkeiten
   wie Produkttests oder gemeinsame Kampagnen.

3. **Vertragliche Regelungen**
   Kläre alle Bedingungen schriftlich, um Missverständnisse zu vermeiden.

4. **Authentizität**
   Wähle Influencer, deren Werte mit denen deiner Marke übereinstimmen.

5. **Langfristige Zusammenarbeit**
   Setze auf langfristige Partnerschaften, um nachhaltiges Vertrauen aufzubauen.

FAZIT

SEO, Netzwerktreffen oder Influencer-Marketing bieten hervorragende Möglichkeiten, um deine Sichtbarkeit zu erhöhen und deine Zielgruppe effektiv zu erreichen.

Durch gezielte Strategien und authentische Inhalte können diese Methoden maßgeblich zum Geschäftserfolg beitragen. Such die für dich passenden Kanäle aus und nutze sie für deine Sichtbarkeit.

BEST PRACTICE MARCEL REMUS

Der Luxusmakler von Mallorca

Marcel Remus hat sich als einer der führenden Luxusimmobilienmakler auf Mallorca etabliert und ist ein Paradebeispiel für innovatives Marketing und persönliche Markenbildung.

Sein Erfolgsrezept basiert auf mehreren ausgeklügelten Strategien, die ihn von anderen Maklern abheben.

Vor allem ist er auf Social Media wahnsinnig stark!

1 Glamouröse Events für maximale Medienpräsenz

Marcel Remus ist bekannt für seine exklusiven Sommerpartys, die jedes Jahr ein Highlight in der Promiszene darstellen. Diese Veranstaltungen sind nicht nur glamouröse Feste, sondern strategisch geplante Marketinginstrumente. Durch die Einladung prominenter Gäste und die gezielte Medienberichterstattung im TV generiert er immense Aufmerksamkeit für seine Immobilien.

2 Zielgruppen-Spezialisierung

Seit der Einführung direkter Flugverbindungen zwischen den USA und Mallorca hat Remus gezielt mehr Celebrities aus Amerika zu seinen Sommerfesten eingeladen. Dies hat nicht nur seine Veranstaltung noch exklusiver gemacht, sondern auch seine internationale Reichweite und Medienpräsenz erheblich erhöht. Die Berichterstattung über diese Partys hält seine Marke konstant im Gespräch und sorgt dafür, dass seine Objekte als besonders begehrenswert gelten.

3 Personalisierte Kundenansprache

Remus setzt auf eine persönliche Beziehung zu seinen Kunden. Er bietet maßgeschneiderte Beratung und individuelle Serviceleistungen an, die weit über die üblichen Immobilienbesichtigungen hinausgehen. Diese persönliche Betreuung schafft Vertrauen und sorgt dafür, dass seine Kunden sich besonders wertgeschätzt fühlen, was sich positiv auf die Kaufentscheidung auswirkt.

4 Exklusivität durch begrenzte Angebote

Ein weiterer Kniff von Remus ist die Betonung der Exklusivität seiner Angebote. Er vermarktet seine Immobilien nicht nur als luxuriös, sondern als seltene Gelegenheiten, die nur für eine handverlesene Klientel verfügbar sind. Diese Strategie verstärkt den Eindruck von Exklusivität und Dringlichkeit, was oft zu schnelleren und lukrativeren Verkäufen führt.

5 Starke Markenbildung

Remus hat eine starke persönliche Marke aufgebaut, die eng mit Luxus und Exklusivität verknüpft ist. Durch Branding-Maßnahmen – von der eleganten Website bis hin zu hochwertigen Werbematerialien – wird sein Name zum Synonym für hochwertige Immobilien auf Mallorca. Dadurch hat er sich in einem wettbewerbsintensiven Markt erfolgreich positioniert.

6 Strategische Medienpartnerschaften

Remus nutzt strategische Partnerschaften mit Medien und Influencern, um seine Immobilien einem breiten Publikum vorzustellen. Dies umfasst exklusive Features in Lifestyle-Magazinen und Kooperationen mit Influencern.
Besonders hervorzuheben ist sein Auftritt als Luxusmakler im amerikanischen Fernsehen, der seine Sichtbarkeit und Bekanntheit in den USA erheblich gesteigert hat. Diese Partnerschaften erweitern seine Reichweite und stärken seine Position als Marktführer im Luxusimmobiliensegment.

05

DIE KUNST,
ONLINE ZUSÄTZLICH GELD ZU VERDIENEN

5 DIE KUNST, ONLINE ZUSÄTZLICH GELD ZU VERDIENEN

Wie kann man online wirklich Geld verdienen? Indem du auch wirklich online bist!

Also wieder heißt es: **Go digital or go home!**

Doch wie, was, wo? Auch hier bin hier ganz ehrlich: So einfach ist es nicht. Und das liegt vor allem daran, dass wir Menschen in der Regel linear denken. Online-Erfolge sind allerdings so umfangreich, variabel und verzahnt, dass man schnell den Überblick verliert oder die Möglichkeiten einfach nicht kennt.

Deshalb zeige ich dir hier ein paar sehr gute Möglichkeiten auf, die auch du umsetzen kannst, wenn du ein paar Regeln befolgst und Zeit sowie Engagement mitbringst.

Je mehr Follower du bereits aus der benötigten Zielgruppe generiert hast, desto leichter gelingt dir natürlich die Monetarisierung.

5.1 PERFORMANCE-MARKETING

Grundsätzlich gibt es im Marketing, insbesondere wenn man Werbung schaltet, so gut wie immer eine Verzögerung zwischen Investieren und Abkassieren.

Mithilfe des richtigen Online-Marketings kann diese Zeit sehr kurz sein.

Der absolute Game-Changer in der gesamten Umsatzbeschleunigung ist Performance-Marketing. Es hat auch in meinem eigenen Business noch mal einen Turbo gezündet und bei vielen meiner Kunden die Umsätze auf ein völlig anderes Level gehoben.

Allerdings ist das nur ein Teil der Wahrheit.

Der andere Teil ist, dass viele damit auch schon „ihre Erfahrungen“ gemacht haben. Will heißen, dass sie viel Geld verbrannt haben. Dabei ist Performance-Marketing, also online Werbung schalten, einfach und effektiv … wenn man weiß, wie es geht!

Pay

Beim Performance-Marketing schaltest du bezahlte Werbung. Ganz gleich, ob zum Beispiel bei Google als Text-Anzeige oder bei Social Media als Bild- bzw. Video-Anzeige. Du bezahlst immer für die Platzierung.

No Pay

Beim organischem Marketing kreierst du hingegen Inhalte so, dass sie entweder durch Suchmaschinen von deinen Kunden gefunden werden oder durch die Algorithmen deiner Zielgruppe ausgespielt werden. Hier bezahlst du nicht einen Cent an irgendeine Plattform.

DEINE WERBEBOTSCHAFT – DER RICHTIGE CLAIM

1. Auf der Basis deiner Positionierung (siehe Kapitel 2.2) brauchst du eine Zielgruppe mit einem gewissen Problem, das du lösen kannst.

2. Idealerweise hast du eine „neue Möglichkeit“, die zukünftig dein Vehikel (= Opportunity Switch) darstellt.

3. Du bringst dein Angebot in einem coolen Claim bzw. Leistungsversprechen.

3 BEISPIELE

1. Entsprechend dieser Marketingstrategie hatte ich selbst vor einiger Zeit eine extrem erfolgreiche Kampagne laufen. Ich habe hierfür ein Video aufgenommen, in dem ich Folgendes sage:

„Du bist erfolgreicher Coach, aber keiner sieht es?“

Du siehst: Ich habe sowohl die Zielgruppe als auch deren Problem direkt angesprochen.

„Dann komm in mein Sichtbarkeits-Seminar!“

Jetzt bekommt der Betrachter direkt die Lösung präsentiert.
Das mag sich für dich im ersten Moment simpel anhören. Aber betrachte es noch einmal genauer. In nur zwei Sätzen habe ich meine Zielgruppe angesprochen, ihnen ihr Problem vor Augen geführt und sofort die Lösung geboten. Besser geht es nicht.

Abgeschlossen habe ich das Video mit der Präsentation einer neuen Darreichungsform, die gleichzeitig auch noch eine starke Aufwertung meines Angebotes beinhaltet = Opportunity Switch bzw. neue Möglichkeit:

„Das Ganze findet direkt im Burda-Verlag statt."

Diese Video-Anzeige haben wir so justiert, dass sie gezielt an interessierte Coaches ausgespielt wurde.

2 Burkhard Küpper, ein extrem erfolgreicher Steuerberater, ist bereits gut positioniert und braucht keine neuen Mandanten mehr – hat aber Lust auf mehr Umsatz.

Also erschuf Burkhard eine gänzlich neue Möglichkeit, indem er alle zwei Monate ein größeres Seminar ausrichtet, zu dem man seinen eigenen Steuerberater mitnehmen kann.

Und das Werbevideo lautet etwa so:

„Du bist selbstständig und möchtest deine Rolex von der Steuer absetzen?"

Auch er spricht sowohl die Zielgruppe als auch deren Problem direkt an.

„Dann komm in mein Steuerseminar und bringe deinen Steuerberater am besten gleich mit.“

Im zweiten Satz bekommt der User direkt die Lösung in einer völlig neuen Darreichungsform präsentiert. Dieses Video wurde natürlich an Lifestyle-orientierte Selbstständige ausgespielt.

3 Eine der erfolgreichsten Kampagnen der letzten Jahre durfte ich ebenfalls kreieren und mit begleiten. Sie kommt dir bereits bekannt vor:

„Du hast Schmerzen und kannst schlecht schlafen?“

Direkte Ansprache der Zielgruppe samt deren Problem.

„Dann lerne in meinem Videokurs, wie du in 5 Atemzügen schmerzfrei wirst!“

Die direkte Lösung!

„Wenn nicht, bekommst du dein Geld zurück.“

Eine völlig neue, risikolose Möglichkeit.

Dieses Video wurde an Schmerzpatienten, insbesondere mit Schlafstörungen, ausgespielt. Ja, die Algorithmen von Meta & Co. können diese detaillierten Nuancen alle targetieren.

Also, jetzt bist du an der Reihe. Denn egal, ob du Zahnarzt, Dirndl-Designerin, Fitnessstudio-Betreiber, Immobilienmogul oder Inhaberin eines Handwerkbetriebs bist: Mit Performance-Marketing kannst du eine völlig neue Sparte gewinnbringend aufbauen.

Wie? Eben mit einem Werbefilm (weil Videos deutlich besser konvertieren als normale Posts), der genau diese zwei Steps gut transportiert.

GASTBEITRAG ANDRÉ WEIMAR

Performance-Marketing

Hallo,

meine Name ist André Weimar. Zusammen mit meiner Frau führe ich seit mehr als 25 Jahren eine Marketing-Agentur mit erfahrenen Mitarbeitern und kenne daher alle Tricks, Tools und Möglichkeiten erfolgreichen Marketings aus dem Effeff.

Ich möchte dir einen Einblick geben, wie du dein Performance-Marketing am besten angehst, worauf du achten solltest und wie du es optimal konzipierst.

Allgemein gesagt ist Performance-Marketing der Einsatz von Online-Marketing-Tools mit dem Ziel, eine messbare Reaktion und/oder Transaktion mit dem Nutzer zu erzielen. Einfach gesagt verstehen wir Marketer unter „Performance-Marketing" vor allem das Schalten von Online-Anzeigen.

Natürlich solltest du hierbei immer alle Möglichkeiten der Analyse-Tools nutzen. Es ist extrem hilfreich zu wissen, wer, wann, wo und wie oft was gemacht hat. So kannst du deine Performance-Kampagnen perfekt weiterentwickeln.

Aber der Reihe nach. Bevor du deine Ads schaltest, solltest du dir unbedingt zwei wichtige Gedanken machen:

1. **Wer ist deine Zielgruppe?**
2. **Welches Medium ist das richtige? Google, Facebook, Instagram, TikTok …?**

Passe die Auswahl des richtigen Mediums deiner Zielgruppe an. Wie alt ist sie? Was hat sie für Vorlieben? Welche Sprache spricht sie? So nutzen sehr junge Menschen am liebsten TikTok, während Best Ager eher auf Facebook unterwegs sind.

Mit unserer Agentur setzten wir zum Beispiel Social-Media-Ads für die Barmenia Versicherung auf. Wir haben uns also im Vorfeld gefragt, wer schließt am ehesten eine Tierkrankenversicherung ab? Junge Menschen haben seltener eigene Tiere, und wenn, dann meist kein Geld für eine Versicherung. Ältere Menschen hingegen neigen verstärkt dazu, ihre Tiere als Familienersatz zu sehen. Also war für uns klar, dass die Ads auf Instagram, aber vor allem auf Facebook geschaltet werden müssen. Auf TikTok eher nicht. Und die Analyse der gesammelten Kampagne-Daten hat uns recht gegeben.

Außerdem ist für die Auswahl noch ein Faktor von entscheidender Bedeutung: Sucht dein potenzieller Kunde selbstständig nach einem Produkt oder einer Dienstleistung? Kennt er praktisch schon seinen Bedarf?

Oder hat er keinen echten Bedarf, fände dein Angebot aber durchaus interessant, wenn er es präsentiert bekäme?

Diese beiden Unterschiede bedienen wir Profis entweder mit Pull- oder Push-Marketing-Ads.

Push it – real good

Das Push steht dafür, dass wir den User quasi zu deinem Produkt hinschubsen. Diese Technik ist ideal geeignet, wenn der User keinen eigenen Bedarf und dein Produkt noch nicht auf dem Schirm hat. Hier bieten sich zum Beispiel Social-Media-Ads an: Der User ist auf Instagram & Co. unterwegs und bekommt dein Angebot auf den Schirm.

Hierbei sind die Algorithmen der Plattformen in den letzten Jahren immer besser geworden. Sie wissen genau, welche User am wahrscheinlichsten Interesse an deinem Produkt oder deiner Dienstleistung haben.

Während man früher diverse Eingaben zur Zielgruppe vornehmen musste, ist es heute deutlich wichtiger, die Anzeige in Bild und Text gut zu gestalten. Durch diese Infos lernt die KI, was du sagst, und schließt daraus, wem die Ad ausgespielt wird. Zu Beginn spricht Meta nicht umsonst von einer Lernphase. In dieser Zeit beobachtet die KI ganz genau, welcher User wie auf deine Anzeige reagiert. Und dementsprechend optimiert der Algorithmus die Performance deiner Anzeige selbstständig – und zwar sehr gut.

Wenn der User deine Ad sieht, erkennt die KI, ob er sich mit ihr auseinandersetzt. Wie lange schaut er sie an, klickt er sogar darauf? Je mehr Interesse die KI identifiziert, umso häufiger zeigt sie deinem potenziellen Kunden deine Ads. Sie erhöht somit automatisch die Touchpoints und in der Regel auch das Interesse.

Natürlich solltest du dir die Analysedaten immer anschauen. In ihnen entdeckst du weiteres Potenzial, wie du deine Ads verbessern kannst.

Pull it – now

Zum richtigen Zeitpunkt am richtigen Ort! Die Pull-Strategie wirkt am stärksten, wenn der User bereits einen konkreten Bedarf hat. Wenn er zum Beispiel ein bestimmtes Produkt sucht. Greifen wir hier einmal

Rogers Beispiel der Sonnencreme auf. Wenn der User noch ein paar Flaschen vor seinem Urlaub benötigt, was macht er dann? Aller Wahrscheinlichkeit nach geht er auf Suchmaschinen wie Google oder Amazon. Und hier kommt nun deine Pull-Ad ins Spiel. Hier musst du durch eine Anzeige präsent sein. Genau jetzt!

Zahlreiche Studien haben gezeigt, dass User mit einem konkreten Bedarf kaum noch Produkte vergleichen. Je sicherer sie sich sind, dass sie eine bestimmte Produktart brauchen, desto weniger vergleichen sie Mitbewerber. Deshalb sollte deine zu den ersten Anzeigen gehören, die erscheinen. Der User vergleicht vielleicht noch die ersten drei, vier Ads, die er auf den ersten Blick sieht – bestimmt aber nicht mehr die Anzeigen auf den Seiten zwei, drei oder gar vier.

Insofern ist es wichtig, dass du entsprechend der Gebotsstrategie von Google deinen Anzeigenpreis so wählst, dass du immer unter den Top Four bist.

Wenn du möchtest, dass deine CPK (also die Kosten per Klick) sinken, dann ist es sehr wichtig, dass du nicht nur deine Anzeigen selbst, sondern auch die Zielseite, zu der deine Ads verlinken, optimierst. Denn genau das schaut sich Google auch an. Je besser die Zielseite zu deiner Anzeige passt und je bessere Infos der User auf dieser Seite findet, desto günstiger wird der Klick für dich.

Tracking – Verfolgungsjagd online

Wenn du dich entscheidest, Online-Anzeigen zu schalten, dann solltest du die gesamte Bandbreite der Möglichkeiten ausschöpfen. Der User hinterlässt digitale Spuren auf seiner Customer Journey. Diese gilt es möglichst abzugreifen – natürlich immer DSGVO-konform.

Wenn ein User auf eine deiner Ads klickt, ist es sehr hilfreich zu wissen, auf welche. Denn natürlich hast du mehrere Anzeigenformate gleichzeitig laufen. Nur so kannst du herausfinden, welche Alternative die beste ist. Genauso interessant ist es herauszufinden, welchen Weg der User anschließend auf deiner Website oder in deinem Online-Shop genommen hat. Nur so kannst du identifizieren, welche Ad dir am meisten Umsatz gebracht hat.

Und selbst wenn ein User (noch) nicht gekauft hat, hilft dir das Tracking. So kannst du zum Beispiel User, die sich dein Produkt angeschaut haben oder es vielleicht sogar schon in den Warenkorb gelegt haben, besonders mit weiteren Anzeigen bedienen. Das nennen wir Remarketing oder Retargeting. Als Profi würden wir hier eine Kombination aus weiteren Anzeigenmotiven und einem Zusatzrabatt in Betracht ziehen. Manchmal reichen zwei, drei Prozent Nachlass, um den User final zum Abschluss zu bewegen.

Die 7 wichtigsten Performance-Marketing-Kanäle

- Google Ads
- Facebook Ads
- Microsoft Bing Ads
- Instagram Ads
- LinkedIn Ads
- TikTok Ads
- YouTube Ads

Bitte beachte hierbei, dass die sieben Kanäle nicht nach Wichtigkeit sortiert sind. Wie zuvor erläutert, musst du dir immer die Frage stellen, welcher Kanal für deine Kampagne der richtige ist. Natürlich kann es auch eine Kombination aus mehreren sein. Hierbei gilt aber die Grundregel: Lieber einen Kanal richtig bedienen als mehrere halbherzig. Das gilt sowohl für die Detailgenauigkeit der Strategie als auch fürs Budget.

Überlege nun selbst, welche Zielgruppe du ansprechen möchtest, und wähle entsprechend der Push- und Pull-Regeln, welcher Kanal der erste ist, den du an den Start bringst.

Ich wünsche dir viel Erfolg!

5.2 DEINE EIGENE KAMPAGNE

Bis hierhin hast du viele wertvolle Informationen für dein Online-Marketing bekommen. Nun ist es an der Zeit, dass du deine erste erfolgreiche Kampagne selbst aufsetzt.

Meiner Erfahrung nach ist es sehr sinnvoll, dass du lieber mit einer kleinen, dafür aber strategisch sehr gut durchdachten Kampagne an den Start gehst. Später, wenn du die ersten Erfolge einfährst, kannst du schrittweise größere und crossmediale Kampagnen aufziehen.

Deine erste eigene Kampagne umzusetzen, bedarf im Kern nur dieser vier Schritte:

1. **deinen Claim in ein Video bringen,**
2. **die geeignete Plattform auswählen,**
3. **dort deine Kampagne einstellen,**
4. **durch den CTA zum Ergebnis kommen.**

Sobald du deine Werbebotschaft in einem Video festgehalten hast, benötigst du nun die geeignete Plattform, um es auszuspielen. Das ist genau dort, wo sich deine Zielgruppe aufhält. Das kann Instagram genauso wie YouTube, Facebook oder Tinder sein.

Ja, du hast richtig gelesen, auch bei Tinder kann man Werbung schalten. Und ganz ehrlich: Es wäre der ideale Kanal für Charisma-Trainings und genauso relevant für einen Cabrio-Vermieter. Du siehst, du musst dich wirklich in deine Zielgruppe hineinversetzen. Das ist die halbe Miete.

SO ERSTELLST DU DEINE KAMPAGNE IN 3 STEPS

Die unterschiedlichen Plattformen Facebook, Instagram, YouTube, TikTok, Tinder usw. nutzen meist alle unterschiedliche Begriffe für die gleiche Sache. Damit du zu Beginn nicht verwirrt wirst, konzentriere dich nur auf einen Kanal. Wenn du in diesem routiniert bist, wirst du schnell merken, dass die anderen bestimmte Bereiche zwar anders nennen, im Kern aber das Gleiche meinen.

Wir konzentrieren uns hier einmal auf die Werbeplattform Meta, den Mutterkonzern von Facebook und Instagram. Erstens stellst du deine Kampagne für beide Social-Media-Kanäle über die Meta-App ein und kannst zweitens direkt sowohl Facebook als auch Instagram bedienen.

1 Kampagne erstellen

Als Erstes stellt du das Ziel deiner Kampagne allgemein ein. Meta gibt dir die Möglichkeiten vor:

- **Bekanntheit** Wähle diese Einstellung, wenn du mit deiner Kampagne bekannter werden möchtest.
- **Traffic** Wähle diese Einstellung, wenn du mehr Traffic – zum Beispiel Klicks auf deine Website – generieren möchtest.
- **Interaktion** Steht für die Steigerung von Kommentaren, dem Teilen usw.
- **Lead** Solltest du wählen, wenn du Kontakte sammeln möchtest.
- **App-Promotion** Ist ideal, wenn du eine eigene App hast und dir mehr Downloads wünschst.
- **Umsatz** Ist ideal für Shop-Betreiber, um direkt mehr Artikel zu verkaufen.

Einsteigertipp: Meta zeigt dir zu jeder Einstellungsmöglichkeit immer, was dich erwartet. Wähle die einzelnen Möglichkeiten kurz an und schon findest du eine Beschreibung.

Im Detail kann ich dir hier leider nicht alle folgenden Einstellungsmöglichkeiten erklären, da es in Summe einfach zu viele sind. Aber ich möchte dir wichtige grundsätzliche Tipps für die nächsten zwei wichtigen Steps geben.

2 Die Anzeigengruppe

Nachdem du das Ziel der Kampagne definiert hast, musst du die Anzeigengruppe erstellen. Sie ist vor allem dafür da, damit du später mehrere Anzeigenvarianten innerhalb einer Gruppe ausprobieren kannst. So kannst du perfekt sehen, welche deiner Anzeigen am besten performt und die neuen Infos für deine Optimierung nutzen. Im Wesentlichen zeigt dir Meta hier wieder die ganzen unterschiedlichen Möglichkeiten. Die Erklärungen findest du zu jedem einzelnen Thema. Habe hier keine Angst. Probiere gerne die Varianten aus.

3 Die Anzeige

Nun kommt der wichtigste Schritt! Du musst dein Video hochladen und einen guten Beschreibungstext hinzufügen. Je besser du dein Angebot beschreibst, umso schneller versteht auch Meta, was du verkaufen möchtest. Und diese Infos sind extrem wichtig, damit Meta deine Anzeige an das richtige Publikum ausspielen kann.

Nutze auch auf jeden Fall die Möglichkeit, dass du mehrere Varianten des Beschreibungstextes, der Headlines sowie der CTA(s) (Call-to-Action – also Handlungsaufforderung) einstellen kannst. Meta wird nach Veröffentlichung deiner Ads selbst ausprobieren, welche Alternativen am besten bei deiner Audience ankommen.

Wenn du deine Anzeige veröffentlicht hast, braucht jede Plattform erst einmal etwas Zeit, um erstens zu überprüfen, ob deine Anzeige den Richtlinien entspricht, und zweitens, um zu lernen, was dein Ziel ist. Es ist immer wieder beeindruckend, wie die KI das selbstständig hinbekommt. Vor ein paar Jahren musste man noch deutlich mehr Parameter eingeben. Und ganz ehrlich: Heute ist das Ergebnis deutlich besser.

Startertipp: Zu Beginn bekommst du auch die Möglichkeit angeboten, eine Kampagne automatisch erstellen zu lassen. Ich rate dir hiervon allerdings eindeutig ab. Denn nur wenn du dich manuell mit den Möglichkeiten beschäftigst, lernst du, wie das System funktioniert.

5.3 TEXTE, DIE VERKAUFEN

Während man früher „nur" verkaufen musste, braucht es heute mehr. Und zwar viel mehr. Vor allem an Marketing-Verständnis. Deshalb beschreibe ich dir hier den ganzen Umfang und gehe in wichtige Details.

Und bei allem ist das WORT oftmals kriegsentscheidend, ob die Maßnahme zum Erfolg führt oder nicht. Im Verkaufsgespräch genauso wie bei deiner Positionierung oder deinen Online-Kampagnen.

Deswegen ist es wichtig, dass du ein Grundverständnis von „Texten, die verkaufen", hast. Auch wenn du immer mehr mit ChatGPT arbeitest, solltest du wichtige Grundregeln wissen und beherrschen. So kannst du künftig die durch KI erstellten Texte besser einschätzen und gleichzeitig auch noch besser prompten – also ChatGPT besser briefen.

Ich habe die wichtigsten Elemente verkaufsstarker Texte aufs Wesentliche konzentriert, sodass es im Grunde die folgenden 4 Schritte sind, auf die du dich fokussieren musst:

1. **Ein Statement setzen**
2. **Die direkte Ansprache**
3. **Zeitangabe**
4. **Killerproblem lösen**

Was ich damit im Einzelnen meine, erfährst du nun.

1 EIN STATEMENT SETZEN

Beginne dein Statement mit den folgenden oder ähnlichen Hacks:

- Die 5 Regeln
- Die 1-zu-1-Anleitung
- Die Geheimnisse
- Die 4x4-Matrix
- Diese 3 Rezepte

2 DIE DIREKTE ANSPRACHE

Sprich deine Zielgruppe ganz konkret an, zum Beispiel so:

- für Zahnärzte bzw. Steuerberater
- für Handwerker bzw. Architekten
- für Jungunternehmer bzw. Start-ups
- für Mütter bzw. Familienväter
- für High Performer bzw. Selbstständige

3 ZEITANGABE

Mit diesem Hack suggerierst du eine Leichtigkeit:

- innerhalb von 24 Stunden
- bis Weihnachten
- unter 20 Prozent der üblichen Zeit
- sofort bzw. jetzt
- 21-Tage-Challenge
- diesen Sommer
- über Nacht

4 KILLERPROBLEM LÖSEN

Mit diesem Hack nimmst du deinem potenziellen Kunden Sorgen, Aufwände oder Stress:

- Zeitmanagement
- Kundengewinnung
- Papierkram
- Altersvorsorge
- Jobsuche
- Abnehmen

Wenn du diese 4 Hacks kombinierst, erhältst du sehr starke Werbetexte. Hier ein paar Beispiele:

- Die 1-zu-1-Anleitung, wie du als Selbstständiger in weniger als 30 Tagen deinen Umsatz verdoppelst.
- Mit dieser Methode wirst auch du 8 Kilo in 8 Monaten abnehmen. Garantiert.
- Mit nur einem Klick bekommst du als Selbstständiger die 21-Tage-Challenge zum Sonderpreis.
- Schmerzfrei in 5 Atemzügen.

Selbst das letzte Beispiel vereint alle 4 Hacks:

- **Statement** (schmerzfrei)
- **Zielgruppe** (Schmerzpatienten)
- **Zeitangabe** (5 Atemzüge)
- **Killerproblem** (keine Schmerzen mehr)

TEXTE, DIE VERKAUFEN

Egal, ob in E-Mails, in Social-Media-Posts, in Angeboten, auf deiner Website: Texte, die verkaufen, brauchst du immer.

Deswegen besprechen wir das natürlich auch im **Bootcamp**.

Wenn man weiß, wie es geht, kann gut texten so einfach sein.

Durch die extreme Verdichtung der Worte ist der Text besonders einprägsam. Je knapper diese 4 Punkte formuliert werden, umso stärker sind in der Regel der Claim und das damit verbundene Leistungsversprechen.

- So sagte Parship lange Zeit in der Werbung: **„Alle 11 Minuten verliebt sich ein Single über Parship."**
- Die Schülerhilfe warb mit: **„5 weg oder Geld zurück!"**
- Mein Speaker-Kollege schaffte es mit seinem Buch **„In 7 Jahren zum Millionär"** zu einem Weltbestseller.
- Und auch mein Buch **„Die Geheimnisse der Umsatzverdoppler"**, welches ebenfalls ein starkes Leistungsversprechen hat, wurde ein Bestseller.

Nun bist du wieder an der Reihe: Beginne zunächst die einzelnen Bausteine der 4-Hacks-Strategie zu texten und füge sie im zweiten Step zu einer starken Aussage zusammen.

5.4 DIE E-MAIL-STRASSE

Wenn du eine Liste von Kunden oder potenziellen Kunden hast, ist es tatsächlich relativ leicht, online Geld zu verdienen. Auch zusätzlich.

Im Grunde brauchst du nur diese vier Zutaten:

1. **Viele aktuelle E-Mail-Adressen von (potenziellen) Kunden**
2. **Einige aufbauende E-Mail-Texte mit starkem Content**
3. **Eine verkaufsfördernde Landingpage mit einem Meta Pixel**
4. **Ein paar ansprechende Werbebanner zur Targetierung**

UND SO FUNKTIONIERT DIE E-MAIL-STRASSE

Der erste Schritt ist, deine E-Mail-Kampagne in eine „intelligente Straße“ zu verwandeln. Ziel ist es, potenzielle Kunden nicht nur einmal, sondern regelmäßig per E-Mail anzusprechen. Wichtig ist dabei, dass du mit jeder E-Mail echten Mehrwert lieferst. Zeige Expertise, biete Lösungen an und gib deinen potenziellen Kunden das Gefühl, dass sie bei dir gut aufgehoben sind.

Beispiel
Die erste E-Mail in der Serie könnte einen nützlichen Ratgeber enthalten, der aufzeigt, wie dein Angebot typische Probleme deiner Zielgruppe löst.

Wichtig: Jede E-Mail muss mindestens einen Call-to-Action (CTA) enthalten, der direkt auf deine dazugehörige Landingpage führt.

DIE PERFEKTE LANDINGPAGE

Auf dieser speziellen Website läuft alles zusammen. Hier passiert die Magie. Deine Landingpage muss auf das Wesentliche fokussiert sein:

- **Vertrauen aufbauen,**
- **nutzenorientiert argumentieren,**
- **und deine potenziellen Kunden zum nächsten Schritt führen.**

Was wichtig ist: Du solltest einen Pixel setzen, der das Verhalten der Besucher auf deiner Landingpage verfolgt. Dieser Pixel ermöglicht es dir, jene Besucher, die sich deine Seite angeschaut, aber noch nicht konvertiert haben, mit gezielter Werbung weiter zu bespielen.

Sei es durch Facebook Ads oder Google Display Ads – deine Interessenten sehen dich und dein Angebot immer wieder. Dadurch bleibt dein Name präsent, und die Wahrscheinlichkeit, dass sie zu Kunden werden, steigt.

DIE KRAFT DER WIEDERHOLUNG

Nach dem Klick auf die Landingpage hörst du nicht auf – hier fängt die Nachverfolgung an. Dank des Pixels kannst du User, die deine Seite besucht haben, auf verschiedenen Plattformen erneut ansprechen. Dies nennt man Retargeting. Es ist, als würdest du deine potenziellen Kunden freundlich daran erinnern, was sie verpasst haben.

Ein Beispiel

Ein Nutzer klickt in deiner E-Mail auf den Link zur Landingpage, schaut sich alles an, bestellt aber noch nichts. Kein Problem. Dank des Pixels kannst du ihm gezielt Werbung zeigen, die ihn erneut auf dein Angebot aufmerksam macht. Vielleicht braucht es zwei oder drei Berührungspunkte, bis er tatsächlich konvertiert – das ist normal.

DER KREISLAUF DES ERFOLGS

Dieses Zusammenspiel aus E-Mail-Serie, Landingpage und Retargeting ist extrem effektiv. Kunden, die sich einmal mit deinem Angebot beschäftigen, sind in der Regel bereits interessiert. Sie brauchen oft nur einen sanften Schubs, bis sie kaufen oder einen Termin buchen. Durch die ständige Präsenz in ihren Postfächern und durch gezielte Werbeeinblendungen wirst du mit der Zeit nicht nur als Experte wahrgenommen, sondern kannst auch kontinuierlich Umsätze steigern.

Und das Beste daran? Es läuft alles automatisch. Du baust die E-Mail-Strecke, richtest den Pixel ein und lässt die Maschine laufen. Sie holt dir neue Kunden und sorgt für kontinuierliche Umsätze.

HIER DESWEGEN EIN PAAR ALLGEMEINE ANWENDUNGSBEISPIELE

1 Erinnerungs-E-Mails wegen abgebrochener Warenkörbe
Kunden, die den Kauf nicht abgeschlossen haben, werden mit einer E-Mail erinnert und beworben.

2 Rabattaktionen für Erstkäufer
Biete in E-Mails exklusive Rabatte an, um Neukunden auf eine spezielle Landingpage zu lenken.

3 Webinare mit Call-to-Action
E-Mail-Serie, die zu einem kostenlosen Webinar einlädt, mit anschließendem Verkauf.

4 Produktlaunch
Countdown-Mails, die Spannung für ein neues Produkt aufbauen und Interessenten auf eine Vorbestellungsseite lenken.

5 Exklusive Inhalte
Biete E-Books oder Whitepapers an, die nur über deine Landingpage heruntergeladen werden können.

HIER EINE E-MAIL-MARKETINGSTRATEGIE,

bei der ein Camper-Händler Messebesucher in eine gezielte E-Mail-Strecke aufnimmt:

1 Erste Mail – „Danke für Ihren Besuch“

Die Besucher erhalten eine Dankesmail mit einem exklusiven Angebot für einen Camper. Die Landingpage setzt einen Pixel und sichert spätere Targeting-Möglichkeiten.

2 Zweite Mail – „Ihre exklusive Testfahrt“

Einladungen zu Testfahrten. Der Call-to-Action führt zu einer Landingpage, wo der Interessent einen Termin für eine Probefahrt buchen kann.

3 Dritte Mail – „Was macht unsere Camper besonders?“

Detaillierte Informationen über die Besonderheiten der Camper-Modelle. Der Call-to-Action führt zu einer speziellen Landingpage mit Videos und Produktinfos.

4 Vierte Mail – „Verpassen Sie unser Sonderangebot nicht“

Ein spezieller Rabatt mit einem Countdown. Die Landingpage fokussiert auf eine schnelle und einfache Kontaktaufnahme oder Bestellung.

5 Fünfte Mail – „Erfahrungen von Camper-Liebhabern“

Testimonials von anderen Camper-Käufern. Der Link führt zu einer Landingpage mit Kundenbewertungen und einer Bestellmöglichkeit.

5 BEISPIELE FÜR ERFOLGREICHE LANDINGPAGES

Statt auf die allgemeine Website zu leiten, sollte die Landingpage spezifisch auf die Bedürfnisse der Interessenten zugeschnitten sein. Sie sollte nur die wichtigsten Informationen beinhalten – z. B. Testfahrt-Termine, Angebotsdetails oder Testimonials –, um den Besucher nicht zu überfordern.

Bilder, klare Call-to-Action-Buttons und minimalistische Menüs vermeiden Ablenkungen, und die Einbindung eines Pixels ermöglicht gezieltes Retargeting für spätere Werbekampagnen.

1 E-Learning-Plattform
Nutzer erhalten nach einem ersten Kursabschluss gezielte Angebote zu fortgeschrittenen Themen und Zertifikaten.

2 Fitnessstudio
Nach einer Beratung im Studio werden Probetrainings per E-Mail mit Rabattcodes und Trainingsplänen angeboten.

3 Kosmetikstudio
Nach einem ersten Besuch werden spezifische Beauty-Tipps und Produktangebote versendet, die auf individuelle Bedürfnisse abgestimmt sind.

4 Online-Coaching
Webinar-Teilnehmer werden mit exklusiven Tipps und Rabattaktionen für 1:1-Coachings angesprochen.

5 IT-Dienstleister
Unternehmer, die IT-Lösungen benötigen, erhalten zielgerichtete Fallstudien und kostenlose Erstberatungen als Einstieg in größere Projekte.

1 Präzise Adressaten
Wen spricht deine Seite an? Benenne die Zielgruppe aktiv auf deiner Seite in Text/Bild.

2 Klares Versprechen
Platziere ein klares und großes Versprechen im obersten Teil deiner Seite und löse es dann ein.

3 Gesichter und Augen
Menschen suchen automatisch nach Menschen. Bilde Gesichter ab und biete damit „Blick-Anker".

4 Vertrauen
Deine Besucher brauchen das Vertrauen zu dir. Nutze dafür sogenannte „Vertrauens-Abzeichen".

5 Call-to-Action
Menschen brauchen Handlungsaufforderungen. Sage genau, was Besucher bei dir tun sollen.

BEST PRACTICE BASTIAN KUNKEL

Versicherungen mit Kopf

Mit einer erfrischenden Mischung aus Fachwissen, Persönlichkeit und einer geschickten Nutzung von Social Media hat Bastian es geschafft, eine breite Zielgruppe zu erreichen und das verstaubte Image der Versicherungsbranche aufzufrischen.

Basti ist einer, der sein Geld ausschließlich online verdient!

DIE 4 ERFOLGSGEHEIMNISSE VON BASTI

1 Authentizität und Persönlichkeit

Bastian Kunkel hebt sich von der Masse ab, weil er authentisch ist. Anstatt in den üblichen, oft steifen Fachjargon zu verfallen, spricht er die Sprache seiner Kunden. Seine Videos und Beiträge sind nicht nur informativ, sondern auch unterhaltsam und persönlich. Diese Nahbarkeit schafft Vertrauen, und Vertrauen ist im Versicherungsgeschäft unbezahlbar.

2 Die Macht der Social Media

Bastian hat als einer der Ersten erkannt, welches Potenzial Social Media für die Versicherungsbranche birgt. Mit seinem YouTube-Kanal „Versicherungen mit Kopf" und seinen Auftritten auf Instagram erreicht er eine Zielgruppe, die sonst schwer zugänglich wäre.

Er bricht komplexe Versicherungsthemen auf eine leicht verständliche Weise herunter und nutzt dabei anschauliche Beispiele, die im Alltag seiner Zuschauer verankert sind. Diese Social-Media-Präsenz hat ihm nicht nur eine wachsende Fangemeinde eingebracht, sondern auch seine Position als führender Experte in der Branche gestärkt.

3 Innovatives Content-Marketing

Ein weiterer Erfolgsfaktor von Bastian Kunkel ist sein innovativer Ansatz im Content-Marketing. Anstatt reine Werbebotschaften zu verbreiten, legt er den Fokus darauf, echten Mehrwert zu bieten. Seine Videos, Blogs und Social-Media-Posts beantworten häufig gestellte Fragen und bieten praxisnahe Lösungen für alltägliche Versicherungsfragen.

4 Der Aufbau einer Community

Bastian Kunkel hat es geschafft, mehr als nur Kunden zu gewinnen – er hat eine Community aufgebaut. Durch regelmäßige Interaktion mit seinen Followern und die Einbeziehung ihrer Fragen und Anregungen in seine Inhalte hat er eine loyale Anhängerschaft geschaffen. Diese Community sieht in ihm nicht nur einen Dienstleister, sondern einen Meinungsführer, dessen Rat und Expertise geschätzt werden. Dies verleiht ihm eine Position in der Branche, die über das traditionelle Versicherungswesen hinausgeht.

06

DIE KUNST,
DIE REICHWEITE EINES INFLUENCERS AUFZUBAUEN

6 DIE KUNST, DIE REICHWEITE EINES INFLUENCERS AUFZUBAUEN

Der Begriff „Influencer“ entsprach lange Zeit dem Bild einer 13-jährigen TikTokerin. Und es hat lange gedauert, bis Unternehmen, Unternehmer und Selbstständige bemerkten, wie wichtig es auch für sie und ihre Brand ist, zu „influencen“.

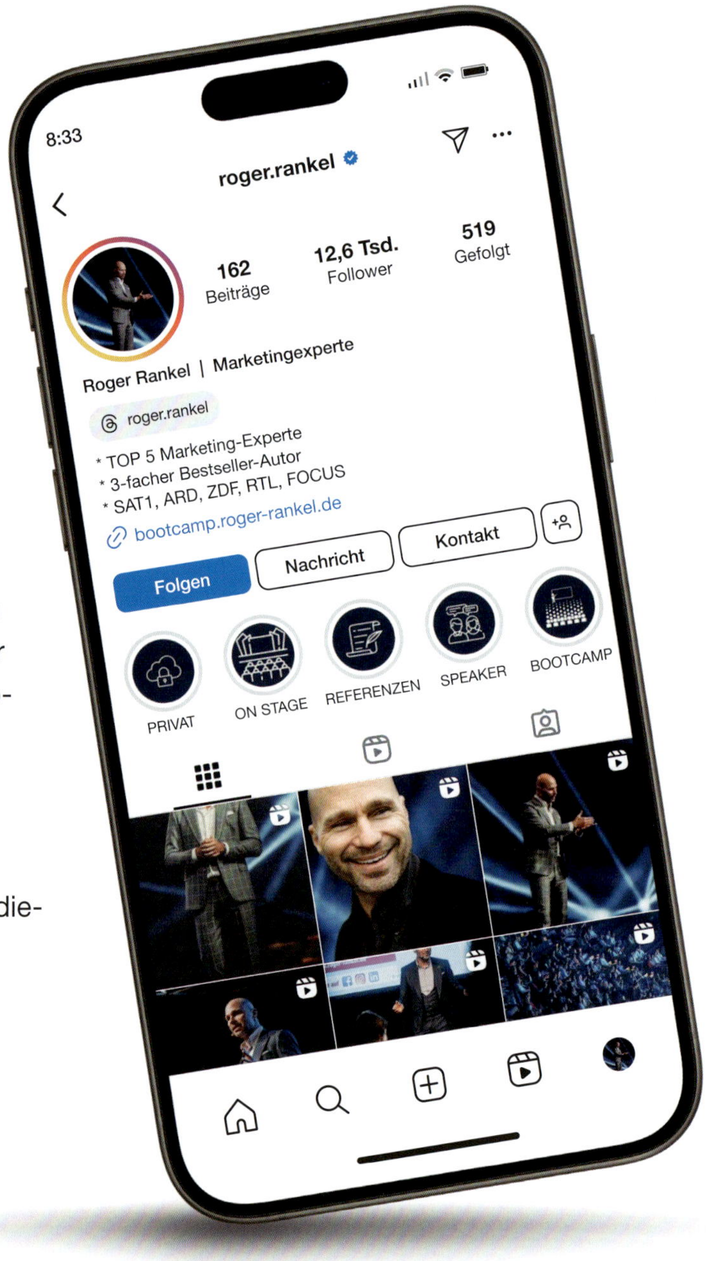

Das bedeutet, sich gut zu positionieren, bei einer vielversprechenden Zielgruppe Reichweite aufzubauen und ordentlich in die Sichtbarkeit zu kommen.

Es geht darum, zumindest in der eigenen Nische die Aufmerksamkeit potenzieller Kunden zu bekommen und zu behalten. Denn dieser Kunde soll dich auf seinem Schirm haben, sobald sich bei ihm ein Bedarf auftut.

Habe einen Logenplatz im Kundenkopf.

Dazu benötigst du all das, was wir bislang in diesem Buch besprochen haben, u. a.:

- eine starke, klare Positionierung, sodass deine Brand für etwas Einmaliges steht,
- eine Nische, die für deine Zielgruppe ein Problem löst, besser, als es alle anderen machen,
- digitale Schaufenster, die ansprechend sind, und ein Angebot, das unwiderstehlich ist.

Unter diesen Voraussetzungen bringen wir dich und dein Business jetzt aufs nächste Level.

Da so ziemlich jede Karriere und jeder Business-Influencer auf Instagram zu finden sind, starten wir mit dem Insta-ABC, damit du diese Plattform nicht nur „oberflächlich" kennst, sondern auch „beherrschst" – also richtig anwenden und nutzen kannst.

Danach geht es weiter mit wertvollen Tipps & Tricks, wie du es schaffen wirst, dass deine Posts besser ausgespielt werden. Auf Seite 120/121 haben wir ja schon über den perfekten Post gesprochen. Hier geht es nun darum, dass du deine Posts boostest.

Und zum Schluss sprechen wir darüber, wie du aus Followern Fans machst.

Auch das Thema „Die Reichweite eines Influencers aufbauen" besprechen wir ganz genau in meinem **Bootcamp**.

Wie es dir gelingt, dich und/oder deine Firma stärker in die Sichtbarkeit zu bekommen, erfährst du hier:

SCAN ME

6.1 DAS INSTA-ABC

Algorithmus

Die Ausspielung von Inhalten in der App wird durch verschiedene Algorithmen gesteuert, die je nach Ausspielweg (z. B. Reels, Feed, Stories) unterschiedlich funktionieren. Jeder dieser Algorithmen bewertet, wie relevant ein bestimmter Inhalt für die Nutzer sein könnte.

Anpinnen von Posts / Pinned Posts

Bei Instagram hast du die Möglichkeit, bis zu drei Beiträge in deinem Feed und drei weitere im Reels-Feed zu fixieren. Allerdings sind diese Reels nur auf iPhones sichtbar, nicht auf Android-Geräten. Diese Funktion eignet sich besonders für Inhalte, die Nutzer sofort sehen sollen, wenn sie dein Profil zum ersten Mal besuchen.

Avatar

Über dein Profilbild kannst du einen eigenen Avatar bei Instagram erstellen. Dabei hast du die Möglichkeit, Merkmale wie Haarfarbe, Gesichtsform, Augenfarbe und vieles mehr anzupassen. Dieser Avatar kann dann als Reaktion auf die Inhalte anderer bei Instagram verwendet werden.

B-Roll

Ein B-Roll-Video ist eine Art „Hintergrundvideo“,

das du mit einem Text kombinierst, der die eigentliche Botschaft vermittelt. Das Video muss dabei nicht zwingend zum Textinhalt passen.

Beitrag-bewerben-Button

Hierdurch kannst du einen Beitrag durch den Einsatz eines Budgets sichtbarer machen, indem Instagram ihn verstärkt und als Anzeige ausspielt.

Bio

Die Bio ist der obere Bereich deines Instagram-Profils, direkt über deinen Beiträgen. Sie kann deinen Nutzernamen, das Profilbild, den Profilnamen, deine Pronomen, die Berufskategorie, eine kurze Beschreibung, Links und Kontaktdaten enthalten.

Boomerang

Boomerang ist eine Video-Funktion, die in Stories und Reels verfügbar ist. Sie erstellt kurze Videos, die in einer Endlosschleife vor- und zurücklaufen.

Bots

Ein Bot ist ein Computerprogramm, das eigenständig wiederkehrende Aufgaben ausführt, ohne dabei menschliche Interaktion zu benötigen. Auf Instagram imitieren Bots das Verhalten von Nutzern, indem sie beispielsweise Kommentare hinterlassen, anderen Accounts folgen oder Beiträge liken.

Bugs

Ein Bug, also ein technischer Fehler, entsteht in der Instagram-App durch fehlerhafte Programmierung und kann dazu führen, dass die App bei bestimmten Aktionen abstürzt oder unerwartet reagiert.

Broadcast-Channel

Mit einem Creator-Account auf Instagram kannst du einen Broadcast-Channel erstellen, um direkt mit deinen Followern zu kommunizieren. Der Channel erscheint in den Direktnachrichten der Nutzer. Sie haben die Möglichkeit, auf deine Nachrichten zu reagieren oder an Umfragen teilzunehmen, allerdings bist nur du in der Lage, Nachrichten im Chat zu verfassen.

Call-to-Action (kurz: CTA)

Ein Call-to-Action ermutigt Nutzer, mit deinem Content zu interagieren, indem sie beispielsweise Links anklicken, Beiträge liken, Fragen beantworten oder bestimmte Kommentare hinterlassen.

Caption

Die Caption ist der Text, den du unter deine Bilder oder Videos auf Instagram setzen kannst. Sie bietet Raum für weiterführende Informationen zu deinem Content oder einen Call-to-Action.

Co-Autoren-Posts

Auf Instagram kannst du nicht nur allein im Feed posten, sondern auch gemeinsam mit bis zu vier Accounts gleichzeitig. Dafür müssen alle als Co-Autor zum Post eingeladen werden. Diese Funktion eignet sich besonders, wenn du mit anderen Unternehmen, Influencern oder Partnern zusammenarbeitest und jeder den Post in seinem Feed zeigen möchte.

Collections

In deinen Sammlungen kannst du Beiträge von anderen Instagram-Accounts speichern. Diese Sammlungen sind privat und nur für dich sichtbar. Du kannst Ordner erstellen, um z. B. Inspirationen für deinen Content zu sammeln, und dabei sogar mit anderen Accounts zusammenarbeiten.

Community

„Community" bezeichnet eine Gruppe von Menschen, die sich für bestimmte Inhalte interessiert und regelmäßig mit deinem Content interagiert. Sie konsumiert deine Inhalte bewusst, hat eine enge Bindung zu dir und fühlt sich als Teil einer Gemeinschaft. Die Community besteht aus denjenigen, die am ehesten bei dir kaufen werden.

Community-Management

Community-Management umfasst den gesamten Austausch mit deinen Followern auf deinem Profil, wie das Beantworten von Kommentaren oder Direktnachrichten und das Liken von Reaktionen. Gutes Community-Management ist entscheidend, damit sich deine Follower gesehen und wertgeschätzt fühlen, wenn sie auf deinen Content reagieren.

Content

Content, also Inhalte, umfasst alles, was du auf Instagram postest: Reels, Stories, Feed-Beiträge, Livestreams, Notizen, Broadcast-Nachrichten.

Content-Strategie

In deiner Content-Strategie legst du fest, für wen und mit welchem Ziel du Inhalte auf Instagram erstellst. Du definierst die strategische Ausrichtung deiner Inhalte (z. B. die Bedürfnisse deiner Community) und legst fest, wie oft du posten möchtest.

Cutouts-Sticker

Der Story-Sticker „Cutouts“ ermöglicht es dir, deine Story kreativ zu gestalten. Tippe oben auf das Stickersymbol und wähle dann „Cutouts“. Wähle ein Foto oder Video mit einem klaren Motiv aus deinen Aufnahmen aus, und ein Sticker wird automatisch generiert. Wenn du mit dem Ergebnis nicht zufrieden bist, kannst du das gewünschte Motiv manuell auswählen. Beachte, dass du immer nur ein Motiv im Bild auswählen kannst.

Creator-Konto/Business-Konto

Wenn du ein professionelles Konto auf Instagram einrichtest, musst du zwischen zwei Account-Typen wählen. Beide haben ähnliche Funktionen, aber das Creator-Konto ist für Influencer gedacht, während das Business-Konto für Unternehmen geeignet ist.

DM/PN

DM (Direct Message) und PN (Privatnachricht) sind Nachrichten, die deine Follower dir senden. Die Nachrichten sind privat und für andere nicht sichtbar.

„Du bist dran“-Sticker

Der „Du-bist-dran“-Sticker in Instagram Stories dient dazu, den Austausch in der Community zu fördern. Du kannst deine Community damit auffordern, selbst Bilder oder Videos zu einem Thema oder aus bestimmten Situationen zu teilen.

Dual-Kamera

Mit der Dual-Kamera-Funktion kannst du in Reels und Stories gleichzeitig ein Video über die Front- und Rückkamera deines Smartphones aufnehmen.

Engagement

Das Engagement bzw. die Engagement-Rate beschreibt, wie viele Reaktionen deine Inhalte von deiner Community erhalten. Zum Beispiel, wie viele Likes ein Post im Verhältnis zur Followerzahl bekommt. Diese Werte können als grobe Orientierung dienen, sind aber allein nicht aussagekräftig genug, um den Erfolg deines Kanals zu bewerten.

Enthüllen-Sticker

Mit dem Enthüllen-Sticker kannst du ein „geheimes" Foto verstecken, das deine Follower erst sehen, wenn sie dir eine DM senden. Du findest diesen Sticker, indem du auf das Stickersymbol tippst und dann „Enthüllen" auswählst.

Entwürfe

In deinen Entwürfen kannst du Posts speichern, die du später veröffentlichen möchtest. Diese Funktion ist für Reels, Stories und Feed-Beiträge verfügbar.

Explore (Page)

Die Explore-Seite ist eine personalisierte Auswahl an Inhalten, die für eine Person interessant sein könnten. Sie basiert auf dem Nutzungsverhalten und ist daher für jeden Nutzer unterschiedlich.

Facebook Business Suite / Meta Business Suite

Mit der Meta Business Suite (früher Facebook Business Suite) kannst du alle deine Facebook- und Instagram-Konten verwalten. Über die Business Suite kannst du z. B. deine Posts planen, Werbeanzeigen verwalten oder deine Insights überprüfen.

Facebook Sound Collection

In der Sound Collection findest du lizenzfreie Musik, die du für deinen Instagram-Content verwenden kannst. Du kannst die Musik durchsuchen, nach Genre filtern und Audios herunterladen. Alle Songs aus der Sound Collection sind auch direkt bei Instagram über das Musiktool verfügbar, sodass du sie ohne externe Programme einfügen kannst.

FAQ

Die Abkürzung FAQ steht für Frequently Asked Questions, also häufig gestellte Fragen. Diese Fragen erhältst du oft von Kunden oder deiner Community, und du beantwortest sie gesammelt auf deiner Website oder in einem Instagram-Post.

Feed

Auf Instagram kannst du einem Profil folgen, wodurch du selbst zum Follower wirst. Als Follower siehst du die Inhalte dieses Profils bevorzugt in deinem Feed oder in Stories und kannst aktiv mit dem Account interagieren.

Follower

Die Followerzahl gibt oft einen ersten Eindruck darüber, wie groß die Reichweite eines Profils ist.

GIF

Die Abkürzung GIF steht für Graphics Interchange Format und bezieht sich auf animierte Bilder, die du z. B. in Stories einfügen oder als Antwort in den Kommentaren nutzen kannst.

Greenscreen

Ein Greenscreen ist ein grüner Hintergrund, der es ermöglicht, in der digitalen Nachbearbeitung den Hintergrund zu entfernen und durch einen anderen zu ersetzen. Bei Instagram ist der Greenscreen eine Funktion, mit der du einen alternativen Hintergrund einblenden kannst, beispielsweise ein Foto. Diese Funktion wird oft in Stories und Reels verwendet, um visuelle Erklärungen zu unterstützen.

Grid

Der Begriff „Grid“ bezeichnet die quadratische Rasteransicht aller Beiträge auf deinem Profil.

Handle/Benutzername

Dein Instagram-Handle ist dein Benutzername, der hinter dem @ steht. Wähle einen aussagekräftigen Benutzernamen, vermeide Zahlen oder Sonderzeichen, und versuche, deinen Unternehmensnamen direkt in den Benutzernamen zu integrieren.

Hashtag

Ein Hashtag ist ein verlinktes Schlagwort. Mit dem Symbol # kannst du einen Begriff verlinken, sodass er anklickbar wird. Nutzer können so alle Beiträge finden, die mit diesem Schlagwort versehen wurden. Verwende idealerweise drei bis fünf Hashtags, die konkret beschreiben, worum es in deinem Beitrag geht, um die Auffindbarkeit zu erhöhen (z. B. nicht #business, sondern #erfolgreicherfinanzdienstleister).

Highlights

In deinen Highlights kannst du Story-Clips speichern. Während Stories normalerweise nach 24 Stunden verschwinden, bleiben sie in den Highlights dauerhaft sichtbar. Achte darauf, Highlights gezielt für die besten Inhalte zu nutzen, statt sie als überfülltes Archiv zu verwenden.

Hooks

Eine Hook ist eine gezielte Formulierung am Anfang eines Beitrags, die die Aufmerksamkeit auf sich ziehen und das Interesse wecken soll. Am besten nutzt du eine Hook als Text auf einem Video oder sprichst ihn zusätzlich ein.

Impressionen

Die Impressionen zeigen, wie oft dein Content insgesamt angesehen wurde. Wenn eine Person dein Video fünfmal anschaut, zählt das als fünf Impressionen. Die Zahl der erreichten Personen hingegen wird nur als eins gezählt.

Insights

Die Insights sind die Statistiken, die Instagram bereitstellt. Hier kannst du nachsehen, wie oft dein Profil aufgerufen wurde, wie Nutzer deinen Content gefunden haben oder wie viele in den Stories auf einen Link geklickt haben. Deine Insights solltest du regelmäßig überprüfen, um zu verstehen, wie gut dein Content ankommt.

Insta Live

Auf Instagram kannst du Livestreams starten. Diese Funktion findest du dort, wo du auch Reels, Stories oder Beiträge posten kannst. Im Livestream kannst du mit deinen Zuschauern chatten und Fragen beantworten. Du kannst auch zusammen mit anderen Accounts live gehen.

Interaktion

Interaktion umfasst alle Aktivitäten, die deine Follower bzw. Nutzer auf Instagram mit deinem Content ausführen: liken, kommentieren, teilen, weiterleiten oder speichern. Je mehr Interaktion du mit deiner Community hast, desto besser, da dies zeigt, dass dein Content interessant ist und die Menschen sich gerne damit auseinandersetzen.

Karussell-Post

Karussell-Posts auf Instagram bestehen aus mehreren Bildern oder Videos, die Nutzer durch Wischen oder Klicken nacheinander betrachten können. Diese einzelnen Elemente nennt man Karussell-Slides. Pro Karussell-Post kannst du bis zu 10 Slides, sowohl Bilder als auch Videos, einfügen.

Likes

Du kannst Reels, Stories und Feedbeiträge liken, indem du auf das kleine Herzsymbol klickst oder einen Doppeltipp auf den Beitrag machst, um dein Gefallen auszudrücken.

Link-Sticker

Instagram erlaubt das Setzen von Links an nur zwei Stellen: in deiner Profil-Bio und in deinen Stories. Um einen Link in einer Story hinzuzufügen, musst du den entsprechenden Button über die Story-Funktion einfügen und eine Beschreibung ergänzen.

Lipsync

„Lipsync" bedeutet auf Deutsch Lippensynchronisation. Dabei bewegt eine Person vor der Kamera ihre Lippen passend zu einem im Hintergrund abgespielten Audio, ohne selbst zu sprechen. Dadurch entsteht der Eindruck, die Person würde das Audio selbst sprechen.

Location Tag / Ortsangabe

Du kannst in deinen Beiträgen und Stories einen Ort markieren, beispielsweise den Entstehungsort des Inhalts oder den Standort deines Unternehmens. Diese Ortsangaben, auch Location Tags genannt, machen deine Inhalte für andere Nutzer leichter auffindbar.

Loop

Loops sind eine Methode, um Follower zu gewinnen. Es gibt spezielle Instagram-Accounts, die Loops organisieren, bei denen man dem Account und allen, die ihn abonniert haben, folgen muss. Dies führt zwar zu neuen Abonnenten, aber häufig folgen dir diese nur wegen der Loop-Bedingungen und nicht aus echtem Interesse an deinem Profil oder deinem Content.

Meta

Im Jahr 2021 benannte sich der Facebook-Konzern in „Meta“ um. Zu Meta gehören unter anderem Facebook, Instagram und WhatsApp.

Meta Verified

Meta Verified ist ein Abo-Modell, das es Creatorn und Unternehmen ermöglicht, ihr Profil gegen eine Gebühr verifizieren zu lassen. Neben dem blauen Verifizierungshaken erhalten Nutzer auch verbesserten Schutz und besseren Kundensupport.

Notification

Notifications (Benachrichtigungen) erscheinen bei Neuigkeiten wie Likes, Kommentaren, DMs oder Verlinkungen als Push-Benachrichtigung auf deinem Smartphone.

Notizen/Notes

Notizen sind eine Funktion, die nur sichtbar ist, wenn sich zwei Accounts gegenseitig folgen. Sie ermöglicht es, kurze Hinweise oder Nachrichten zu hinterlassen. Für Unternehmen ist dies nützlich, wenn du vielen Kunden folgst und ihnen zusätzliche Informationen zukommen lassen möchtest.

O-Ton

Der Begriff „O-Ton“ steht für „Originalton“. Im klassischen Medienbereich bezeichnet er Audioclips aus Interviews, die in Beiträgen eingespielt werden. Bei Instagram wird der Begriff vielseitig verwendet, z. B. für die Tonspur eines Reels, sofern es keine Musik ist. O-Töne können auch von anderen Nutzer für Lipsync-Videos verwendet werden.

Polaroid-Sticker

Mit dem Polaroid-Sticker in deiner Story kannst du die Interaktion erhöhen. Dieser Sticker erscheint als kleines Bild auf einem Teaser-Text. Um das Bild dahinter sichtbar zu machen, muss der Nutzer das Smartphone schütteln oder auf das Polaroid tippen. Du findest diese Funktion unter dem Stickersymbol, indem du auf „Polaroid“ klickst.

Postingplan/Contentplan

Ein Postingplan ist ein Tool, mit dem du festlegst, welche Inhalte du an welchem Tag auf Instagram hochladen möchtest. Dieser Plan hilft dir, deine Social-Media-Aktivitäten besser zu strukturieren und langfristig zu planen, was dir Zeit spart und den Alltagsstress reduziert. Die Grundlage für einen Postingplan ist immer eine Content-Strategie.

POV

POV steht für Point of View (Perspektive) und ist eine Content-Umsetzung, bei der du deine Sichtweise auf ein bestimmtes Thema zeigst. Auf Social Media wird es oft als „Stell dir vor …“ verwendet. Es eignet sich auch gut, um die Perspektive deiner Zielgruppe einzunehmen und deren Wünsche oder nachvollziehbare Momente darzustellen.

Professional Dashboard

Das Professional Dashboard ist eine Übersicht über deine Insights und weitere Instagram-Funktionen für professionelle Konten wie Creator- oder Business-Accounts. Es befindet sich in deinem Profil.

Profilbild

Dein Profilbild auf Instagram wird links oben auf deinem Profil angezeigt und ist für alle sichtbar, auch wenn dein Konto privat ist. Wenn du eine Story postest, erscheint dein Profilbild als bunt umrandeter Kreis in der Leiste über dem Feed deiner Follower.

Q&A

Q&A steht für Questions and Answers (Fragen und Antworten). Die Community stellt Fragen, die du gesammelt in einem Video oder Text beantworten kannst, z. B. in einer Story oder einem Feedpost.

Reels

Reels sind bis zu 90 Sekunden lange Videos, die du direkt in der Instagram-App aufnehmen und bearbeiten kannst. Im Gegensatz zu Stories bleiben sie dauerhaft in deinem Feed. Reels sind ein wichtiger Bestandteil deiner Content-Strategie und eignen sich hervorragend, um neue Follower zu gewinnen.

Reels Tab

Der Reels Tab ist der Bereich auf Instagram, in dem du durch öffentlich sichtbare Reels scrollen kannst. Hier werden dir hauptsächlich Videos von Accounts angezeigt, denen du nicht folgst, im Gegensatz zum Feed oder Explore Tab, wo auch Fotocontent zu sehen ist.

Reichweite / erreichte Konten

„Reichweite“ bezieht sich auf die Gesamtzahl der Instagram-Nutzer, die deinen Beitrag gesehen haben. Im Gegensatz zu den Impressionen wird hierbei die Anzahl der Personen betrachtet, nicht die Häufigkeit, mit der sie den Inhalt angesehen haben.

Remix

Mit der Remix-Funktion kannst du auf Inhalte anderer Nutzer reagieren oder diese kommentieren, indem du Reels erstellst, die Videos oder Fotos der anderen Person beinhalten.

Repost

Reposts ermöglichen es, Beiträge (Feed, Reels) anderer Nutzer in den eigenen Stories zu teilen, auch wenn du in deren Stories verlinkt wurdest. Dadurch kannst du deinen eigenen Content einer größeren Zielgruppe präsentieren, auf andere Accounts hinweisen oder die Interaktion mit deinen Followern fördern.

Save

Saves zeigen an, wie oft Nutzer deinen Beitrag in ihren Sammlungen gespeichert haben.

Shadow Ban

Es wird vermutet, dass Instagram manchen Accounts einen sogenannten Shadow Ban auferlegt, der die Reichweite bewusst reduziert – beispielsweise als Strafe für unregelmäßiges Posten. Instagram bestreitet dies jedoch und erklärt Reichweitenschwankungen mit dem Algorithmus, der die Relevanz von Inhalten für die Community ständig neu berechnet. Ein möglicher Grund für eine verringerte Reichweite könnte ein Verstoß gegen die Richtlinien sein.

Shares

Shares geben an, wie oft Nutzer deinen Beitrag, ein Video oder eine Story mit anderen geteilt haben.

Slide

Ein Medium, das Teil einer Reihe von mehreren Medien ist, wird beispielsweise als einzelnes Element in einem Karussell-Post oder einer Story verwendet.

Story

Eine Story ist ein Foto oder Video, das du mit deinen Followern teilst und das nach 24 Stunden automatisch gelöscht wird. Stories sind ein wichtiges Instrument, um deine bestehende Community einzubinden und die Beziehung zu stärken.

Story-Sticker

Story-Sticker sind interaktive Elemente, die du in deine Instagram-Story einfügen kannst, zum Beispiel Umfragen oder Quizfragen. Du findest sie, indem du oben rechts auf das Sticker-Icon klickst.

Thumbnail

Das Thumbnail ist das Vorschaubild deines Videos und wird auch im Feed angezeigt. Es dient als Vorschau auf den Inhalt deines Videos. Daher sollte es aussagekräftig sein, und es ist oft sinnvoll, es mit Text zu versehen.

Transition

Transitions sind Übergänge, die in Kurzvideos wie Reels und TikToks für Szenenwechsel genutzt werden. Sie sind meist im Takt der Musik abgestimmt.

Trendsounds

Trendsounds sind Audios oder Musikstücke, die in einem bestimmten Zeitraum häufig in Reels verwendet werden. Sie sind oft humorvoll oder vermitteln eine bestimmte Botschaft und verbreiten sich deshalb schnell.

Viralität

Virale Inhalte erreichen in kurzer Zeit eine große Anzahl von Menschen auf Social Media. Sie sind meist informativ, lustig, nachvollziehbar, spannend oder überraschend und dadurch besonders teilbar.

Voiceover

Ein Voiceover ist eine nachträglich aufgenommene Sprachspur, mit der du den Inhalt deines Videos kommentierst. Diese Aufnahme kannst du dann in Reels einfügen.

Wiedergabedauer

Die durchschnittliche Wiedergabedauer ist eine wichtige Kennzahl in deinen Insights, die zeigt, wie lange Zuschauer dein Reel ansehen. So kannst du nachvollziehen, ob dein Inhalt das Interesse hält, und gegebenenfalls Anpassungen vornehmen.

Zweitverwertung

„Zweitverwertung“ bedeutet, bereits veröffentlichte Beiträge neu zu nutzen und aufzubereiten. Dies spart Zeit und ermöglicht eine doppelte Nutzung deiner Inhalte.

PRO-TIPP

Werbepsychologische Reize

Jetzt tauchen wir kurz in die Welt der werbepsychologischen Reize (Stimuli) ein und wie du sie nutzen kannst, um die Gehirne deiner Zielgruppe zu kitzeln.

Fangen wir mit den affektiven Stimuli an – das sind die emotionalen Trigger, die direkt ins Herz treffen. Denk an süße Welpen oder Babys, die dich mit ihren großen Augen anschauen und deine emotionale Schaltzentrale triggern.

Dann schalten wir einen Gang höher zu den kognitiven Stimuli, die die Rädchen im Kopf dazu bringen, sich zu drehen. Hier ist der Neokortex am Zug, wo alle Informationen verarbeitet werden. Stell dir das wie einen hochintelligenten Dirigenten vor, der das Orchester unserer Gedanken und Entscheidungen leitet.

Jetzt kommt der Clou: die Kombination beider auf einem Split Screen. Auf der einen Seite ein Bild, das emotional packt – ein Lächeln, ein Augenblick, der berührt. Auf der anderen Seite knallharte Fakten und Informationen, die den Neokortex füttern.

Diese Methode ist wie ein doppelter Espresso fürs Gehirn – erst das Gefühl, dann der Gedanke.

Und weil wir schon beim Thema Intensität sind: Setze auf intensive Stimuli. Leuchtende Farben, markante Formen und mitreißende Musik, die sich ins Gedächtnis brennen – oder spiel mit Kontrasten, die die Sinne herausfordern und zum Hinschauen zwingen.

Durch diesen Mix aus emotionalen und kognitiven Reizen kannst du deine Botschaft nicht nur übermitteln, sondern sie auch zum unvergesslichen Erlebnis machen.

6.2 ALGORITHMUS-BESCHLEUNIGER

So rockst du die Social-Media-Kanäle! In diesem Kapitel verrate ich dir die geheimen Tricks, um die Algorithmen der größten Plattformen zu knacken und deine Inhalte richtig boosten zu lassen. Egal, ob:

1. **Facebook**
2. **Instagram**
3. **LinkedIn**
4. **TikTok**
5. **Pinterest**

Mehr Hacks!
Auf Seite 120 erfährst du, wie du organisch die optimalen Posts generierst.

Hier erfährst du, wie du die Bühne für deinen Content perfekt vorbereitest.

Du bist gut, aber zu wenige sehen es?!

Dann musst du deine Reichweite ausbauen und den Algorithmus für dich nutzen.

Denn „wenn man weiß, wie das geht, geht's". Und das relativ einfach. Hier erfährst du mehr:

SCAN ME

1 FACEBOOK Die Community-Plattform

Facebook hat eine riesige Nutzerbasis. Es ist perfekt für den Aufbau von Communities und längeren Inhalten.

Algorithmus-Hacks

1. **Gruppen** Baue eine eigene Gruppe auf oder sei in relevanten Gruppen aktiv. Gruppenposts haben oft eine höhere Reichweite als reguläre Posts.
2. **Lives** Live-Videos erzeugen hohe Interaktion und werden bevorzugt angezeigt. Plane regelmäßige Live-Sessions, um direkt mit deiner Community zu interagieren.
3. **Interaktion** Teile interessante Inhalte und stelle Fragen, um Kommentare zu fördern. Je mehr deine Follower interagieren, desto höher wird dein Content gerankt.
4. **Stories** Ja, auch auf Facebook sind Stories ein Ding! Nutze sie, um deinen Content weiter zu verbreiten.
5. **Cross-Posting** Teile deine Instagram-Posts und Stories direkt auf Facebook. Konsistenter Content auf beiden Plattformen maximiert deine Reichweite.

Deep Dive – Content-Strategie

- ✓ **Videos** Native Videos performen besser als geteilte YouTube-Links. Lade Videos direkt auf Facebook hoch.
- ✓ **Events** Erstelle und promote Events, um deine Community zu aktivieren.

2 INSTAGRAM Der visuelle Superstar

Instagram ist das Paradies für alle, die visuell beeindrucken wollen. Hier zählen: Ästhetik und Engagement.

5 ultimative Algorithmus-Hacks

1. **Post-Frequenz** Mindestens 3–5 Posts pro Woche halten dich im Gespräch. Stories? Mehrmals täglich! Regelmäßigkeit signalisiert dem Algorithmus, dass dein Account aktiv und relevant ist.
2. **Engagement is the Key** Interagiere mit deinen Followern – beantworte Kommentare, stelle Fragen in deinen Captions und nutze Umfragen in Stories. Je mehr Interaktionen dein Post hat, desto höher wird er im Feed platziert.
3. **Reels** Instagram pusht Reels ohne Ende. Kurze, kreative Videos sind der Schlüssel zur Sichtbarkeit. Versuche, Reels mit aktuellen Trends, Musik und Hashtags zu kombinieren.
4. **Hashtags** Verwende relevante und trendige Hashtags, aber übertreib es nicht. 10–15 gut gewählte Hashtags reichen völlig aus. Variiere sie regelmäßig, um verschiedene Zielgruppen zu erreichen.
5. **Kooperationen** Teile Beiträge von anderen, mache Shoutouts und arbeite mit anderen Creatorn zusammen. Dies erweitert deine Reichweite und bringt neue Follower.

Deep Dive – Content-Strategie

- ✔ **Stories** Nutze Stories für authentische Einblicke hinter die Kulissen. Hier kannst du spontaner und persönlicher sein.
- ✔ **Highlights** Speichere wichtige Stories als Highlights, damit neue Follower schnell wichtige Inhalte finden.

3 LINKEDIN **Das Business-Netzwerk**

LinkedIn ist perfekt, um deine professionelle Seite zu zeigen und dich als Experte zu positionieren.

5 ultimative Algorithmus-Hacks

1. **Regelmäßige Posts** – Mindestens dreimal pro Woche posten, um sichtbar zu bleiben. Konsistenz ist der Schlüssel zu einer starken Präsenz.
2. **Artikel & Blogposts** – Veröffentliche längere Beiträge und Artikel direkt auf LinkedIn. Tiefgehende Inhalte zeigen deine Expertise und ziehen professionelle Kontakte an.
3. **Engagement** – Like, kommentiere und teile Beiträge von anderen, um im Gespräch zu bleiben. Interagiere aktiv mit deiner Community, um deine Sichtbarkeit zu erhöhen.
4. **Netzwerken** – Vernetze dich aktiv mit Leuten aus deiner Branche und darüber hinaus. Persönliche Nachrichten und Verbindungen helfen, dein Netzwerk zu erweitern.
5. **Hashtags** – Verwende relevante Hashtags, aber halte dich auf drei bis fünf pro Beitrag beschränkt. Wähle Hashtags, die in deinem professionellen Umfeld häufig genutzt werden.

Deep Dive – Content-Strategie

- ✔ **Case Studies** – Teile Erfolgsgeschichten und Fallstudien, die deine Fähigkeiten und Erfahrungen unterstreichen.
- ✔ **Webinare und Events** – Promote Webinare und berufliche Events, um deine Expertise zu zeigen und neue Kontakte zu knüpfen.
- ✔ **Tipps und Tricks** – Teile praktische Tipps und Best Practices aus deinem Fachgebiet.

4 TIKTOK **Die Viralitätsmaschine**

TikTok ist das Zuhause für kreative Kurzvideos und eine Goldgrube für virale Hits.

5 ultimative Algorithmus-Hacks

1. **Consistency** – Poste regelmäßig und experimentiere mit verschiedenen Zeiten und Formaten. TikTok belohnt Konsistenz mit höherer Sichtbarkeit.
2. **Trends & Challenges** – Nimm an aktuellen Trends und Challenges teil. Das gibt dir einen enormen Boost. Nutze die Discover-Seite, um zu sehen, was gerade angesagt ist.
3. **Engagement fördern** – Reagiere auf Kommentare und benutze die Duett- und Stitch-Funktion. Interaktionen erhöhen die Verweildauer auf deinen Videos.
4. **Catchy Hooks** – Die ersten paar Sekunden müssen knallen! Hol die Zuschauer sofort ab, damit sie dranbleiben. Nutze Überraschungsmomente oder Fragen, um Interesse zu wecken.
5. **Hashtags** – Nutze trendige Hashtags.

Deep Dive – Content-Strategie

- ✓ **Musik** – Die richtige Musik ist entscheidend. Nutze Songs, die gerade viral gehen. Mache deine Videos attraktiver.
- ✓ **Storytelling** – Erzähle Geschichten in deinen Videos. Ein gut erzählter Clip hält die Zuschauer bis zum Ende.
- ✓ **Behind the Scenes** – Zeige, wie du deine Videos machst oder gib Einblicke in deinen Alltag.

5 PINTEREST **Die Inspirationsquelle**

Pinterest ist ideal für visuellen Content und funktioniert wie eine visuelle Suchmaschine.

5 ultimative Algorithmus-Hacks

1 Regelmäßige Pins	Poste kontinuierlich neue Pins und repinne relevante Inhalte. Tägliche Aktivität wird vom Algorithmus belohnt.
2 SEO für Pins	Verwende Schlüsselwörter in den Pin-Beschreibungen und Boards. Optimiere deine Pins für die Suche, um besser gefunden zu werden.
3 Vertikale Bilder	Vertikale Pins performen besser – nutze das Format optimal aus. Achte darauf, dass deine Bilder qualitativ hochwertig und ansprechend sind.
4 Boards organisieren	Halte deine Boards thematisch und gut strukturiert. Thematische Boards helfen Nutzern, deinen Content besser zu finden.
5 Rich Pins	Nutze Rich Pins für mehr Informationen und besseren SEO-Wert. Rich Pins enthalten zusätzliche Details, die den Nutzern Mehrwert bieten.

Deep Dive – Content-Strategie

✓ **Guides und Tutorials**	Pins, die Anleitungen oder How-tos bieten, sind besonders beliebt.
✓ **Infografiken**	Informative und visuell ansprechende Infografiken ziehen viel Aufmerksamkeit auf sich.
✓ **Collabs**	Arbeite mit anderen Creatorn zusammen, um gemeinsame Boards zu erstellen und die Reichweite zu erhöhen.

Der Mix macht's!
Nutze diese Plattformen klug und kombiniere ihre Stärken. Cross-Posting ist dein Freund – passe deine Inhalte an die jeweiligen Plattformen an und erziele maximale Reichweite.

FAZIT

Dein Erfolg auf Social Media

Mach dich bereit, die Algorithmen zu rocken und deine Social-Media-Präsenz auf ein ganz neues Level zu bringen. Mit den richtigen Strategien und einem klaren Plan bist du bestens gerüstet, um deine Inhalte zu maximieren und deine Zielgruppe zu begeistern.

Wenn du es professionell angehen und die maximale Sichtbarkeit mit deinen Accounts erreichen möchtest, um aus Likes Leads zu generieren, dann solltest du Viki's Full-Service-Betreuung für deine Social-Media-Accounts buchen!

Let's turn those likes into loyal customers!

SCAN ME

Confirmation Bias

Wir suchen oft nur die Informationen, die unsere bestehenden Ansichten bestätigen.
(Und ignorieren unbewusst alles andere.)

Halo-Effekt

Eine einzige gute Eigenschaft lässt alles andere in einem besseren Licht erscheinen.
(Lass dich nicht vom Schein blenden.)

Paradox of Choice

Je mehr Optionen man hat, desto unzufriedener ist man mit seiner Entscheidung.
Weniger ist oft mehr!

Fundamentaler Attributionsfehler

Wir neigen dazu, das Verhalten anderer auf deren Charakter zu schieben, statt auf die Situation.

Dunning-Kruger-Effekt

Je mehr Wissen man sich aneignet, desto größer wird der Bereich des Unwissens.

6.3 VON FOLLOWERN ZU FANS

Follower sind cool, aber echte Fans sind der Jackpot. Denn Fans sind nicht nur Konsumenten, sondern feiern deine Marke, teilen deine Inhalte und stehen hinter dir.

8 ESSENTIALS, WIE DU DEN SPRUNG VON FOLLOWERN ZU BEGEISTERTEN FANS MEISTERST

1 Keep it real

Authentizität ist der Schlüssel. Teile deine Story, zeig auch mal die ungeschönten Momente und bleib transparent. Das baut Vertrauen auf – und Vertrauen bringt Fans.

2 Let's talk

Poste nicht nur, sondern rede mit deinen Followern. Stelle Fragen, hol dir Meinungen und antworte schnell. Mach den Austausch persönlich und direkt – so entsteht echte Nähe.

3 Exklusive Goodies

Gönn deinen Hardcore-Fans was Besonderes – exklusive Inhalte, geheime Rabattcodes oder einen VIP-Einblick hinter die Kulissen. Zeig ihnen, dass sie zum inneren Circle gehören.

4 Storytime

Lass deine Follower in deine Welt eintauchen, zeig ihnen, wer du bist und was dich antreibt. Mit echten, persönlichen Geschichten schaffst du eine emotionale Verbindung, die bleibt.

5 Celebrate together

Teile die Erfolge deiner Community. Egal, ob ein erfolgreiches Projekt oder ein Fan-Jubiläum – zeig deine Wertschätzung. Diese Anerkennung macht Fans stolz und motiviert sie, deine Marke weiter zu supporten und zu pushen.

6 Mehrwert, Baby

Tipps, Tricks, coole Insights – dein Content sollte immer einen Mehrwert bieten. Wenn deine Follower sehen, dass sie von dir profitieren, bleiben sie nicht nur, sie teilen es auch.

7 Stay iconic

Eine starke Markenidentität ist wie dein Signature-Look – sie macht dich einzigartig und erkennbar. Fans lieben es, wenn sie wissen, wofür du stehst und was sie von dir erwarten können.

8 Listen up

Nimm das Feedback deiner Follower ernst und setze es um. Wenn deine Community merkt, dass ihre Meinung zählt, wachsen das Vertrauen und die Bindung. Zeig ihnen, dass du bereit bist, zuzuhören und dich weiterzuentwickeln.

FAZIT

Mach deine Follower zu Fans – Fans, die nicht nur folgen, sondern auch mit dir durch dick und dünn gehen.

BEST PRACTICE STEFAN RAAB

Influencer der anderen Art

Lange war er von der Bildfläche verschwunden, bis erste Informationen durchsickerten: „Raab kommt zurück. Stefan Raab kämpft gegen Weltmeisterin Regina Halmich.“

Wie ein Profi streute er spannende Fragmente in der Presse, die sich bald verdichteten. Tatsächlich kämpfte Raab gegen Halmich, verlor zwar den Kampf, stellte jedoch einen neuen Zuschauerrekord auf. In der Live-Übertragung kündigte er direkt seine neue TV-Show an und nutzte das entstandene Momentum. Zwei Tage später war er „on air“. Die Nachfrage nach Karten war riesig, die Verfügbarkeit knapp – Begehrlichkeit wurde geschickt erzeugt.

Doch was macht Stefan Raab so erfolgreich, diesen TV-Moderator mit einem geschätzten Vermögen von 200 Millionen Euro?

1 Netzwerk & Reichweite

Raab versteht es, die Reichweite anderer zu nutzen. So profitierte er beim Boxkampf nicht nur von Halmichs Bekanntheit, sondern engagierte zusätzlich Influencerin Pamela Reif. Er agiert kanalübergreifend, verknüpft TV mit Social Media und erzielt so maximale Reichweite.

Learning: Nutze strategisch die Reichweite anderer. Kooperationen mit bekannten Persönlichkeiten multiplizieren deine Sichtbarkeit.

2 Momentum & Tipping Point

Raab baut gezielt Momentum auf, etwa durch überraschende Aktionen wie den Boxkampf oder die Ankündigung seiner Show. Er erreicht den „Tipping Point“, an dem das öffentliche Interesse explosionsartig steigt.

Learning: Unerwartete Aktionen und strategische Ankündigungen wecken maximale Aufmerksamkeit und steigern die Nachfrage.

3 Starke Positionierung

„Everybody's Darling is everybody's Depp,“ sagte Franz-Joseph Strauß. Raab folgt dieser Maxime, bleibt konsequent bei seiner Meinung und ist sich selbst treu. Er folgt keinen Trends, sondern bleibt authentisch.

Learning: Konsistenz und klare Positionierung sind entscheidend. Unternehmer sollten standhaft ihre Marke vertreten und sich nicht jedem Trend anpassen.

4 Inszenierung als Kunstform

Raab inszeniert nicht nur seine Shows, sondern sich selbst als Marke. Der Boxkampf war nicht nur ein Event, sondern eine kunstvolle Inszenierung. Ob er gewinnt oder verliert, ist dabei nebensächlich – es geht um das Erlebnis.

Learning: Inszeniere dich und deine Marke gekonnt. Geschichten und Emotionen schaffen eine tiefe Verbindung zum Publikum und hinterlassen bleibende Eindrücke.

Fazit

Stefan Raab zeigt, wie man durch strategisches Netzwerkmanagement, klare Positionierung und geschickte Inszenierung im Mittelpunkt bleibt. Seine Erfolgsstrategien lassen sich auch auf Unternehmer übertragen, die ihre eigene Marke stärken und neue Zielgruppen erreichen möchten.

07

DIE KUNST, EINE PERSONENMARKE ZU WERDEN

7 DIE KUNST, EINE PERSONENMARKE ZU WERDEN

„Influencing“ ist zu einem eigenständigen Begriff geworden, der weit über die normale Übersetzung aus dem Englischen hinausgeht. Er bedeutet so viel wie:

- **eine Meinung haben,**
- **für etwas stehen,**
- **eine Position vertreten,**
- **seine Position(-ierung) aushalten.**

Oder wie wir in Bayern sagen:
„A Meinung ham.“

Als Influencer muss man ein Hingucker für die anderen werden. Andere inspirieren, andere motivieren, andere beeinflussen.

Erfolgreiche Unternehmer sind alle auf eine gewisse Weise Influencer. Sie vertreten die Überzeugung von sich selbst, ihrer Dienstleistung oder ihrem Produkt. Und sie schaffen es, andere ebenfalls davon zu überzeugen.

Die in diesem Buch beschriebenen Techniken sollen dir helfen, noch mehr Kunden zu überzeugen bzw. zu beeinflussen. Dabei kommt dir natürlich oft das Potenzial von Online-Marketing und Social Media zugute.

Aber gleichzeitig solltest du deine Persönlichkeit genauso gut positionieren. Du solltest dir bewusst sein: Charisma gibt's nicht im App-Store!

Deswegen geht es in diesem finalen Kapitel nur um dich und deine Personality.

DEIN NEUES ICH MUSS HEUTE VÖLLIG ANDERS ANS BUSINESS RANGEHEN.

Während man sich früher im Verkauf ausschließlich um diesen gekümmert hat (Verkaufs-Skript, Einwandsbehandlung, Akquise usw.), muss der Verkäufer heute zusätzlich Marketing beherrschen (Positionierung, Sichtbarkeit, Online-Marketing usw.).

Doch wo ist genau die Abgrenzung und gibt es überhaupt eine, weil sich vieles verwischt?

Marketing

- ✔ Anfragen generieren
- ✔ Markenbekanntheit steigern
- ✔ Produktpositionierung
- ✔ Sichtbarkeit fördern
- ✔ Preisstrategien entwickeln
- ✔ Reputation der Marke steigern

Verkauf

- ✔ Abschlüsse generieren
- ✔ Kundenbeziehungen aufbauen
- ✔ Produkte präsentieren
- ✔ Aktive Kundenbetreuung
- ✔ Verkaufsziele erreichen
- ✔ Abschlussquote erhöhen

Das bedeutet, die besten Verkäufer (Unternehmer, Selbstständigen, Freelancer, leitenden Angestellten usw.) sind diejenigen, die beides beherrschen.

Deswegen geht es in diesem Buch für dich um das beste aus beiden Welten: Online & Offline, Marketing & Vertrieb.

7.1 WERDE WER

Vor einiger Zeit, als X noch Twitter hieß, gab es auf der Plattform eine Diskussion in der Tennis-Community zu der Frage: Ist der Ball nun gelb oder grün?

Da es lange keine Einigung gab, kamen die User auf die glorreiche Idee, Roger Federer zu fragen, den besten Tennisspieler aller Zeiten. Klar fanden alle diese Idee klasse, wobei man sich nüchtern schon fragen muss, was Roger Federer mit dem Thema Farbbestimmung zu tun hat.

Roger Federer brachte sich also ein und vertrat sofort die Meinung:

„Der Tennisball ist gelb."

Folglich war der Ball in der Tenniswelt gelb.

Weil Roger Federer in der Tenniswelt jemand ist, war man seiner Meinung. Er, der Influencer, sagte etwas und das hatte Gewicht. Banal gesagt – und das konnte man in vielen anderen solcher Beispiele nachweisen – geht es in der heutigen Zeit gar nicht nur darum, was man sagt, sondern vor allem auch darum, wer es sagt.

Und deswegen sollte dir klar sein:

Werde wer!

Je mehr du bist, desto eher hört man auf dich. Desto mehr folgt man deiner Meinung. Desto mehr bist du der Influencer.

DIE EIGENE BUBBLE

Im Marketing sprechen wir oft von Peergroups oder Bubbles. Jeder lebt in seiner Bubble, oder wie wir auf Deutsch sagen würden: in seiner Welt. Freunden wir uns beispielsweise im Urlaub mit neuen Menschen an, ist es gar nicht so selten, dass wir schnell Gemeinsamkeiten feststellen. Man mag die gleichen Restaurants und hat einen ähnlichen Geschmack beim Kleidungsstil, der Wohnlage oder der Automarke. Nicht selten stellt man sogar fest, dass man einen gemeinsamen Bekannten hat.

Und so lernen Vertriebler oft Vertriebler kennen, Kirchenmusiker andere Kirchenmusiker und Milliardäre andere Milliardäre. Aber selten hat ein Topverkäufer in seinem engeren Freundeskreis den Orgelspieler, und der Orgelspieler geht nicht dreimal die Woche mit einem Milliardär zum Lunch.

Jeder lebt in seiner Welt, also in seiner Bubble. Und jede Bubble hat ihre eigenen Erkennungszeichen. So ist in einer gewissen Gesellschaftsschicht eine Rolex sehr angesehen und eine Rolex Daytona das Maß aller Dinge. In einer anderen Welt kennt man die einzelnen Modelle gar nicht und wieder in einer anderen Gesellschaftsschicht schaut man despektierlich auf die „Neureichen".

HÖR AUF DIE SPRACHE

Auch anhand der Formulierungen kann man identifizieren, aus welcher Gruppe Menschen kommen. Ich beschäftige mich berufsbedingt natürlich sehr viel mit Kommunikation, Rhetorik und Sprache. Deshalb weiß ich schon nach circa zwei Minuten, aus welcher Gesellschaftsschicht mein Gegenüber stammt.

Ohne es zu lange auszuführen, kann ich es an einem Beispiel ganz gut erläutern:

In der niedrigen Schicht sagen die Leute oft:	„Ich **geh auf** Arbeit."
In der Mittelschicht sagt man:	„Ich **gehe zur** Arbeit."
Und in der Oberschicht sagt man:	„Ich **gehe in** meine Kanzlei, meine Praxis, meine Firma oder meinen Laden."

Sidekick Viktoria

Auf Social Media ist deine Bubble sogar noch mächtiger. Deine Follower sind nicht nur zufällige Klicks, sondern Leute, die deine Interessen und Werte teilen. Sie liken, kommentieren und teilen deine Beiträge, was deinen Einfluss exponentiell wachsen lässt. Deine Bubble auf Social Media ist deine Community – und diese Community wird zum Multiplikator deiner Botschaft.

Ein starker Instagram-Feed, authentische Stories und interaktive Reels – all das trägt dazu bei, deine Bubble zu stärken und zu vergrößern. Teile deine Interessen, sei authentisch und baue echte Verbindungen auf. Deine Bubble wird dich supporten und deinen Einfluss potenzieren. Sei das Epizentrum deiner Social-Media-Bubble, und du wirst sehen, wie dein Impact explodiert.

#BubblePower #StayAuthentic #SocialMediaMagic

DEINE EIGENE WIRKUNG

Nun kommt noch ein wichtiger Aspekt hinzu: Menschen hören in der Regel nur auf andere Menschen, wenn diese auf Augenhöhe sind sind oder über ihnen stehen. Deshalb ist es so wichtig, wie du auf deine Kunden wirkst.

Hast du zum Beispiel bei deinem Arzt das Gefühl, dass der nicht wirklich im Leben steht, lässt du dich von ihm nicht operieren. Oder hast du bei deinem Anwalt das Gefühl, er könne sich nicht richtig ausdrücken, dann lässt du dich nicht von ihm vor Gericht vertreten.

Hierbei sind

- **Sprache**
- **Körpersprache**
- **Mimik & Gestik**
- **Titel**
- **Auftreten**
- **Attitude**
- **Kleidung**
- **Auszeichnungen**
- **Wohnort**
- **Wohnsituation**
- **Umfeld**
- **Publikationen**
- **Beruf**
- **Hobbys**
- **Engagements**
- **Follower**

eine Komposition von allem, wo du gerade im Leben stehst.

Und je höher du stehst, desto mehr bist du – desto mehr werden andere zu dir (auf)schauen. Desto mehr werden sich andere von dir inspirieren und beeinflussen lassen oder deinen Ausführungen folgen.

Achte also immer darauf, wie du dich gibst, dich ausdrückst und wie du auf andere wirkst.

Für Verkäufer ist das ist die wahre Kunst, Kunden zu beeinflussen.

7.2 GEWONNEN WIRD IM KOPF

Alle Handlungen entstehen im Kopf.

Kommt dir zum Beispiel in den Sinn, dass du mit deiner Partnerin oder deinem Partner in die eigenen vier Wände investieren möchtest, dann werdet ihr das anschließend besprechen. Das zeigt: Nach dem Gedanken kommt das gesprochene Wort.

Anschließend folgt die Tat: Die Finanzierung und der Notarvertrag werden unterschrieben, das Objekt wird gebaut oder saniert. Auf jeden Fall habt ihr am Schluss das passende Resultat, nämlich die eigenen vier Wände.

Die Reihenfolge ist quasi vorgegeben:

1. **Gedanke** 2. **Wort** 3. **Tat** 4. **Resultat**

Das ist mit allem so.

DAS PHÄNOMEN DER ERFOLGREICHEN

Erfolgreiche Menschen denken meistens anders. Dadurch reden sie anders, gehen eine Sache anders an und erzielen so oftmals bessere Resultate.

Erfolgreiche Menschen beschäftigen sich nicht mit dem Gedanken: **„Warum geht das nicht?“**, weil das die Sicht auf das Problem fokussiert.

Sie denken: **„Wie geht es?“**, was natürlich klar auf die Lösung abzielt.

Dieser Unterschied ist extrem wichtig und deswegen noch einmal:

Vermeide Gedanken, die erklären, warum etwas nicht gelingt. Sondern konzentriere dich auf den Lösungsansatz:
„So gelingt es!“

Mein guter, langjähriger Bekannter Udo Walz, der leider viel zu früh gestorben ist, war seinerzeit der bekannteste und erfolgreichste Friseur Deutschlands. Er machte schon Romy Schneider die Haare – genauso wie Paris Hilton oder Taylor Swift.

Damals hatte er zwei Läden in Berlin. Einen direkt am Ku'damm und einen ums Eck, an der Knesebeckstraße. Und wie es halt im Business so läuft, rief er einen Mitbewerber auf den Plan, der sich mit einem Salon genau zwischen seine beiden Läden setzte.

Und nicht nur das, er wurde auch noch frech und schrieb an seinen Laden:

„Wir sind 5,- Euro günstiger“,

womit er natürlich auf die Läden von Udo anspielte. Kurze Zeit darauf saßen Udo und ich zufällig in Berlin zusammen, und ich dachte mir:

„Gewonnen wird im Kopf!“

Ich schlug ihm eine clevere und zugleich humorvolle Lösung vor, die er sofort umsetzen ließ. Denn zu der Mitbewerber-Aussage „Wir sind 5,- Euro günstiger“ ließen wir an seinen beiden Läden den folgenden Slogan anbringen:

„… und wir bringen Ihre Haare wieder in Ordnung!“

Diese Antwort war so witzig, dass Udos Kunden sie feierten. Übrigens auch die Kunden des Mitbewerbers und die Presse sowieso.

Entstanden ist dieser eindeutige Vorteil zugunsten von Udo Walz in meinem Kopf. Daraus entstand der Satz „… und wir bringen Ihre Haare wieder in Ordnung!“.

Die Tat, also das Drucken und Anbringen der Plakate, wurde delegiert und das Resultat war fantastisch. Letztlich sogar besser, als wenn er keinen Konkurrenten gehabt hätte.

In der Fliegerei gibt es einen entscheidenden Moment, der für jeden Piloten von größter Bedeutung ist: die V1-Geschwindigkeit. Bei V1 handelt es sich um jenen Punkt auf der Startbahn, an dem die Entscheidung getroffen werden muss, ob der Start fortgesetzt oder abgebrochen wird. Jenseits dieser Geschwindigkeit ist ein Abbruch des Starts oft riskanter als das Fortsetzen – der Pilot nimmt vorsorglich die Hand vom Stick, denn es gibt nur noch eine Richtung: vorwärts.

Als Privatpilot kenne ich diesen Moment nur zu gut. Es ist eine Entscheidung, die in Sekundenbruchteilen getroffen werden muss, basierend auf Training, Erfahrung und Instinkt. In diesem Moment gibt es keine Zweifel mehr, keine Zurückhaltung – es gibt nur noch den festen Entschluss, durchzustarten.

In der Fliegerei ist das Durchstarten bei V1 alternativlos, und vielleicht bist du als Leser meines Buches auch an der Stelle angekommen, wo es kein Zurückhalten mehr gibt. Sondern volle Entschlossenheit.

7.3 DIE GEWALT DER SPRACHE

Wenn du im Kopf klar bist und weißt, wohin du willst, findest du auch die richtigen Worte. Vor allem dann, wenn du dir bewusst bist (Gedanke), wie wichtig Sprache ist.

Vielleicht ist dir schon einmal aufgefallen, dass sich die wirklich erfolgreichen Menschen immer gut ausdrücken können. Diese Tatsache kannst du branchenübergreifend beobachten. Hierbei ist es noch nicht einmal wichtig, perfektes Deutsch zu sprechen.

Du fragst dich jetzt, wie das zusammenpasst? Nun, sich gut ausdrücken zu können, hat vielmehr damit zu tun, dass dich dein Gegenüber schlichtweg versteht.

Bushido oder Kontra K sind genau solche Beispiele: In einer Welt, in der Grammatik nicht das Allerwichtigste ist, finden sie dennoch immer Texte, die gehört werden. Und mehr als das: Sie beeinflussen sogar ein Stück weit eine ganze Generation. Sie influencen.

Fußballer Thomas Müller spricht nicht unbedingt das beste Hochdeutsch. Aber was er sagt und wie er es sagt, kommt an. Insbesondere, weil er pointiert spricht und sympathische Bilder erzeugt.

Uli Hoeneß sagte einmal, Lothar Matthäus würde bei Bayern noch nicht einmal Greenkeeper werden. Mit diesen Worten schaffte er ein so starkes Bild, dass sogar die Presse seine Worte aufgenommen hat.

Es gibt natürlich auch negative Beispiele, an denen man erkennt, wie wichtig die richtige Sprache ist. Oliver Kahn war zum Beispiel einer der erfolgreichsten Fußballspieler Deutschlands. Bei all seiner Bekanntheit schaffte er es als Funktionär jedoch nicht, einen sprachlichen Zugang zu seinen Fans zu kreieren.

Wir sehen also, dass die richtige Sprache sogar in der Fußballwelt wichtig ist.

Klar ist: Wer sich besser ausdrückt, wird auch eher gehört. Wer besser redet, kommt besser an. Wer Sprache besser für sich nutzt, nimmt andere eher mit!

PARADEBEISPIEL

Ich möchte nun die drei letzten Unterkapitel

7.1 Werde wer
7.2 Gewonnen wird im Kopf und
7.3 Die Gewalt der Sprache

in einem schönen Beispiel vereinen:

Als der Physiker Max Planck seinerzeit den Nobelpreis bekommen hatte, fuhr er als Vortragsredner von Stadt zu Stadt und sprach über seine Arbeit.

Er hatte den Luxus eines Assistenten, der ihn chauffierte und ihn rund um seine Vorträge organisatorisch unterstützte.

So waren die beiden über viele Jahre sehr viel zusammen. Sie sprachen zwar nicht häufig miteinander, aber der Assistent bekam alles rund um Max Planck mit.

Als die beiden also wieder einmal gemeinsam im Auto saßen, sagte der Chauffeur ganz vorsichtig, für seine Verhältnisse allerdings fast etwas offensiv:

„Herr Planck, jetzt, wo ich Ihren Vortrag gefühlt über 2000-mal gehört habe, könnte ich ihn wahrscheinlich auch halten.“

Völlig überraschend antwortete Max Planck:

> **„Gut, dann machen wir das so!“**

Gesagt, getan. Vor dem nächsten Vortrag wechselten die beiden ihre Kleidung und der echte Max Planck nahm, so wie sonst immer der Chauffeur, in der ersten Reihe Platz. Zum Glück wusste man damals nicht, wie der echte Max Planck überhaupt ausschaut. So etwas wie das Internet gab es damals noch nicht. Es war eher die Zeit, in der man den Status einer Person, deutlich mehr als heute, von deren Kleidung ableiten konnte.

Nach der Anmoderation betrat schließlich tatsächlich der Assistent die Bühne und hielt den Vortrag das allererste Mal. Genau so, wie er ihn zuvor ständig gehört hatte.

Aber nicht nur inhaltlich, sondern auch in der Art und Weise glich er dem Originalvortrag eins zu eins. Zum Abschluss bekam der Chauffeur einen riesigen Applaus.

Plötzlich kam eine Frage aus dem Publikum. Sie war gar nicht so einfach zu beantworten. Also sagte der Chauffeur schlagfertig:

> **„Meine Damen und meine Herren, Ihnen hätte ich viel anspruchsvollere Fragen zugetraut. Die Fragen, die Sie mir stellen, sind so einfach, die kann Ihnen sogar mein Chauffeur in der ersten Reihe beantworten.“**

Er gab die Frage damit an den echten Max Planck ab, der sie natürlich souverän und inhaltlich richtig beantworten konnte.

FAZIT

Wir sehen: Diese unterhaltsame Geschichte, bei der wir alle ein wenig schmunzeln müssen, beinhaltet einfach alles:

1 Werde wer
Max Planck hat sich seinen Status verdient aufgebaut. So stark, dass seine Persönlichkeit über den Personentausch hinwegstrahlte.

2 Die Gewalt der Sprache
Der Nobelpreisträger hielt seinen Vortrag so beeindruckend, dass sein Assistent – fachlich ein absoluter Laie – ihn eins zu eins wiedergeben konnte.

3 Gewonnen wird im Kopf
Sehr clever und schlagfertig antwortete der Assistent auf die Frage im Publikum und meisterte die Situation extrem souverän.

Wenn du im Kopf klar bist und weißt, wohin du willst, findest du auch die richtigen Worte. Vor allem dann, wenn du dir bewusst bist (Gedanke), wie wichtig Sprache ist.

7.4 AB HEUTE INFLUENCER

Nun sind wir am Ende unserer Reise, zumindest der dieses Buches. Du hast jetzt die kompletten Tools an der Hand, Influencer zu werden. Real. Digital. Ganz egal.

Du hast es in der Hand, deine Positionierung in die Sichtbarkeit zu bringen. Wegzulassen, was dir nicht den gewünschten Erfolg bringt. Techniken wie die AIDA-Formel zu nutzen, ein Momentum aufzubauen und entlang der Customer Journey die für dich und dein Business besten Möglichkeiten des Online- und Empfehlungsmarketings zu nutzen. Und du hast die beste Voraussetzung, deine Umsätze zu verdoppeln.

Vielleicht hast du nun Bock, etwas Großes zu reißen – hast Lust auf mehr, weil du merkst, es ginge wirklich noch besser. Vielleicht hast du jetzt eine große Vision, durch die vielen Potenziale, die du durch dieses Buch erkannt hast.

Dann musst du dir eines immer bewusst machen:
Bei allen großen Vorhaben wirst du immer die folgenden drei Phasen durchleben:

- **Erst wirst du belächelt,**
- **dann bekämpft**
- **und schlussendlich bewundert!**

Ich habe es mehrfach am eigenen Leib erfahren. Mit 17 Jahren habe ich mich das erste Mal selbstständig gemacht. Ich gründete zusammen mit einem guten Freund eine Agentur namens TABU. Gut, ich gebe zu: Ursprünglich diente uns die Agentur „nur“ zum Eigenbedarf, denn wir haben uns selbst vermittelt.

Aber als die Agentur wirtschaftlichen Erfolg erzielte, rief sie umgehend die ersten Neider auf den Plan. Das wiederum führte uns schnell zur Phase 2, in der wir bekämpft wurden.

Es hat natürlich etwas gedauert, aber letztlich wurde ich für unsere Leistung bewundert. Noch bis heute finden die meisten die ganze Sache unfassbar cool.

Später mit 19 Jahren machte ich mich als Finanzdienstleister selbstständig und wurde schon wieder belächelt – sogar vom engsten Umfeld. Vier Jahre später kaufte ich mir mein erstes Auto aus Maranello. Und man kann es sich einfach vorstellen: Mein neuer Ferrari rief wieder einige Neider auf den Plan. Somit musste ich die Phase 2 erneut durchleben.

Erst als ich kurze Zeit später Jungunternehmer des Jahres wurde und weitere Auszeichnungen folgten, wurde ich bewundert. Ehrlicherweise war auch meine eigene Mutter damals eine große Skeptikerin. Und heute? Heute bin ich so stolz darauf, dass sie mein größter Fan ist.

Ich gebe zu, dass ich nicht viel besser bin: Als meine Tochter Viki ankündigte, dass sie auf große Weltreise gehen wolle, war ich nicht unbedingt begeistert. Wahrscheinlich habe ich ihr ganzes Vorhaben sogar etwas bekämpft. Verständlich: Als Vater macht man sich schließlich auch Sorgen! Jetzt, rückblickend, bin ich der stolzeste Vater und weiß, dass das, was Viki gemacht hat, richtig und wichtig war.

Es war gut, dass sie ihren Weg gegangen ist, und es ist noch viel besser, was sie daraus gemacht hat.

Deswegen möchte ich mich auch ausdrücklich bei ihr bedanken. Denn ohne sie wäre dieses Buch in dieser Form niemals entstanden. Sie hat dem Buch die nötige Frische und Jugendlichkeit gegeben und war für mich stets ein wichtiger Sparringspartner. Und vor allem durch die grafische Umsetzung ist dieses Werk wirklich ein visuelles Highlight.

Trotz meiner Expertise und der Tatsache, dass ich mich seit so vielen Jahren mit wirksamem Marketing beschäftige, hat auch sie meine Expertise beeinflusst. Und das zeigt uns allen:
Egal, wo du gerade im Leben stehst, geh deinen Weg. Mach dein Ding und steh dazu.

Auch wenn wir am Ende des Buches sind: Du bist noch nicht fertig, sondern stehst am Anfang – im positiven Sinne.

Nutze die Techniken aus diesem Buch. Du kennst nun „die Kunst, Kunden zu beeinflussen", und du weißt, wie stark die Macht des Influencens ist.

Sei dir immer bewusst: Vermögend ist derjenige, der vermag.
Und: Du bist nur einen guten Sales Circle von deiner nächsten Umsatzmillion entfernt.

In dem Moment, in dem du dieses Buch zuklappst und weglegst, hast du es in der Hand.

DEINE ZEIT IST JETZT.

Gutes Gelingen und persönlich die besten Wünsche!

Dein

Roger Rankel

EIN TRIBUT AN ROGER RANKEL

von Marketing-Professor Michael Zacharias

PORSCHE-ARENA, STUTTGART

Stille. Die Stecknadel kann jetzt fallen. Die Dame neben mir holt ihr Notizbuch heraus und schreibt auf, was alle hier drin zum Nachdenken bringt. Später stellt sich heraus, dass sie Marketingleiterin einer größeren Fitnesskette ist.

Nicht jeder von Roger's Vorträgen findet in solch einer eindrucksvollen Kulisse statt. Aber viele. Letzte Woche der Showpalast in München und die Stadthalle in Bern. Heute eben die Porsche-Arena in Stuttgart.

Er ist der Eröffnungsredner des hochkarätigen Wissensforums und offensichtlich hat er etwas zu sagen. Es geht darum, wie Marketing wirklich funktioniert. Und wie nicht.

Dabei ist er kein salbungsvoller Prediger, auch kein hyperaktiver Motivationsguru. Er spricht ruhig. Wahrscheinlich ist er sich seiner Wirkung bewusst. Ist auffällig elegant, fast extravagant.

Nach seinem Vortrag ist er umringt von Menschen, signiert Bücher, beantwortet Fragen und wird fotografiert, geradezu hofiert. Trotz des Trubels wirkt er sehr wach, konzentriert und nahbar – durch nichts aus der Ruhe zu bringen. Was ist das für ein Mensch? Wie kommt er dazu?

SCHLOSS POSSENHOFEN AM STARNBERGER SEE

Hier hat er lange gewohnt. Hier hat er seine Karriere als Speaker begonnen. Einst die Sommerresidenz von Sisi, der jungen Kaiserin, ist das Schloss mittlerweile für öffentliche Besichtigungen nicht mehr zugänglich. Umso privilegierter fühlen wir uns.

Ganz leger und privat, bei Weißwein und feinen Kanapees, sitzt er uns nun gegenüber. Lächelt und spricht, während er seine Blicke über den Starnberger See gleiten lässt.

Er, der es nicht nötig hat, den Revoluzzer zu spielen, ist laut dem ERFOLG-Magazin einer der 500 einflussreichsten Deutschen und einer der Top-5-Marketingexperten.

Deswegen ist sein Bootcamp das wohl erfolgreichste Format dieser Art, und so kommen regelmäßig 30 Unternehmer, Freiberufler, Führungskräfte und Umsatzverantwortliche in seine zweite Heimat nach Kitzbühel.

In drei Tagen geht es dort darum, der Beste seiner Nische zu werden, in die Sichtbarkeit zu kommen und Kunden zu gewinnen. Und zwar viele.

Laut dem Unternehmermagazin IMPULSE steigern Rankel's Schüler ihre Neukundengewinnung im Schnitt um 24 Prozent.

WIE KAM ER DAHIN?

Mit 17 Jahren gründete er zusammen mit einem guten Freund eine Blind-Date-Agentur. Zum Eigenbedarf. Denn die beiden vermittelten sich selbst an ausgewählte Mädels.

Die Agentur lief auch wirtschaftlich sehr gut, und so wollte Roger Rankel schon bald etwas „Seriöses“ machen. Er gründete die Strategie Aktiengesellschaft. Mit 19.

Schnell kommen erste Auszeichnungen: Vom Bayerischen Fernsehen wird er zum Mutmacher gewählt und wird auch Unternehmer des Jahres. Das Highlight ist und bleibt aber der „Große Preis für den Mittelstand“, der sogenannte Unternehmer-Oscar.

Rankel verkaufte seine Firma, ging auf Weltreise und schrieb sein erstes Buch: „Das OSKAR-Prinzip“.

Heute ist er Redner und vier, fünf Monate im Voraus ausgebucht. Vor Kurzem wurde er von der Tübinger Rhetorik-Akademie zum „Speaker des Jahres“ gekürt. Sein persönlicher Ritterschlag.

Er spricht während einer Woche vor mehreren Hundert, manchmal Tausend Menschen in Berlin, Zürich, Wien … oder eben in kleinen Runden, wenn neue Marketingstrategien ausgearbeitet werden sollen. Bereits mehr als 500 Vertriebe, Banken und Gesellschaften arbeiten, zumindest in Teilen, nach seinen Strategien.

SEINE INITIALEN RR STEHEN FÜR REISEN & REDEN

Reisen zu seinen Einsätzen und Reden immer über Kundengewinnung.

Auch zu meiner Zeit als Professor an der Fachhochschule Worms hat er mich regelmäßig besucht und als Lehrbeauftragter sein Wissen mit meinen Studenten geteilt. Roger’s Ausführungen waren in jedem Jahrgang ein Highlight bei uns.

Und auch privat ist er viel unterwegs, heute auf dem Berg, morgen auf dem See, übermorgen am Meer. Auf den Reisen ist er zwischen den Welten. Wird kreativ.

Er machte den Pilotenschein und flog eine Zeit lang mit dem eigenen Ultraleicht-Hubschrauber zu seinen Einsätzen. Ließ aber genauso konsequent die Fliegerei sein, als er merkte, dass es ihn mehr Zeit und Energie kostet als ihm bringt.

Rankel ist einer, der „sein“ Leben lebt. Ist frei von Erwartungen anderer.

Es kann vorkommen, dass er an dem einen Tag mit dem Ferrari in die Stadt fährt. Am nächsten Tag mit der Straßenbahn. Er fliegt mit dem Privatjet zum nächsten Vortrag oder reist eben mit der Bahn an.

Roger nimmt am Leben in seiner ganzen Bandbreite teil. Passt in kein Schema. Beobachtet gerne und reflektiert viel.

SEINE RECHNUNGEN GEHEN AUF

Im Land der Dichter und Denker ist er ein Verdichter. Sein Content ist kompakt, seine Worte sind klar, seine Gedanken frei. Seine Meinung gefragt.

Bei SAT.1 ist er regelmäßig zu sehen, im ZDF auch. Erklärt als FOCUS-Experte ebenfalls, „warum Kunden mehr kaufen, als sie eigentlich wollten". Seine Expertise ist und bleibt die Psychologie des Kaufverhaltens.

Mittlerweile hat er über 3000 Vorträge gehalten, 13 Bücher veröffentlicht, von denen 3 Bestseller geworden sind. Er hat sich immer wieder neu erfunden und ist unfassbar stolz darauf, mit seiner Tochter dieses Buch geschrieben zu haben. Sein Motto:

„Much Content, no Blabla."

Es verbindet alte Marketingweisheiten mit neuesten Entwicklungen. Lässt Online mit Offline verschmelzen. Bringt Klarheit und bietet wertvolle Erkenntnisse. Schon im Vorfeld wurde es von mir und anderen Branchenkennern „das wohl beste" Marketingbuch genannt.

Ich freue mich, es als einer der Ersten in den Händen zu halten.

Professor Michael Zacharias & Team

DER VORTRAG

Egal ob zum Jahresauftakt, zur Jubiläumsfeier oder zur Produkteinführung: Roger Rankel ist der perfekte Redner auf deiner Veranstaltung.

Oder willst du dein Sales-Team einen Tag lang intensiv schulen? Dann ist Sales-Master Roger Rankel genau der Richtige.

Seine Rhetorik ist brillant. Seine Ansätze zur Kundengewinnung erst recht.

So geht's

- Einfach den Wunschtermin anfragen
- Mit Roger das Briefinggespräch führen
- Sich auf den Veranstaltungstag freuen

Schreib einfach eine kurze Mail an unser Büro:
service@roger-rankel.de

DAS BOOTCAMP

3 intensive Coaching-Tage mit Roger Rankel

Die 6 Essentials für deine Sichtbarkeit, Positionierung, Kundengewinnung und Gewinnmaximierung.

Im Bootcamp lernst du die Kunst,

- … Kunden positiv zu beeinflussen,
- … der Beste deiner Nische zu werden,
- … permanent Kunden zu gewinnen,
- … in deiner Zielgruppe sichtbar zu sein,
- … online zusätzlich Geld zu verdienen,
- … die Reichweite eines Influencers aufzubauen,

und ich verrate dir, wie

- … du ChatGPT optimal nutzen kannst,
- … du die Tricks der Umsatzstärksten nutzt,
- … Social Media wirklich funktioniert.

„Umsatz kommt nicht durch Zufall“,
... sondern durch die Abfolge richtiger Maßnahmen! Welche das für dein Business sind, lernst du im Bootcamp. Garantiert.

ALLE INFOS ZUM AKTUELLEN BOOTCAMP FINDEST DU HIER:

SCAN ME

Bildnachweise

Cover: André Weimar, Clemens Kauschke

S. 8, 229: Roger Rankel, Viktoria Rankel

S. 18, 44, 161, 208: Artvertisement

S. 20: encierro

S. 23: Nunkung, itchaznong

S. 25: naviya

S. 29: Stefan Richter

S. 35: ssrbuzz

S. 40: Kristian Buller

S. 51: IMAGO / Pro Shots

S. 53: asura

S. 54: New Africa

S. 69: Maren Winter

S. 73, 235: Stefan Richter

S. 104: Oliver Reetz

S. 112: psphotography

S. 138: Monster Ztudio, Kristian Buller

S. 140: Francis Specker

S. 152: S. Pick

S. 178: Artur Derr

S. 182: Roger Rankel

S. 221: Jag_cz

S. 234: Kristian Buller